ANINA GEPP

ISS DICH GRÜN!

GESUND KOCHEN,
DIE UMWELT SCHONEN

ÜBER 80 PFLANZLICHE REZEPTE
UND VIELE PRAKTISCHE TIPPS

atVERLAG

Inhalt

Gesund und nachhaltig kochen – warum?

Unsere Ernährung verursacht mehr als einen Drittel aller Treibhausgasemissionen. Obwohl uns allen bewusst ist, dass wir allein durch unser Essverhalten vieles zum Positiven verändern könnten – für die eigene Gesundheit und die unseres Planeten –, fällt uns genau das oft schwer. Essen ist schließlich weitaus mehr als eine reine Bedürfnisbefriedigung. Essen bringt die Menschen zusammen an einen Tisch. Mit Gerüchen und Geschmackserfahrungen verbinden viele positive Erinnerungen. Hinzu kommt, dass gerade das, was weder uns noch dem Klima guttut, oft ziemlich lecker schmeckt. Und trotzdem: Klimaschutz macht vor dem eigenen Teller nicht halt. Viele Produkte, die wir tagtäglich verzehren, sind weit gereist, stark verarbeitet, aufwendig verpackt oder verursachen allein schon durch ihre Produktion einen großen CO2-Ausstoß und Wasserverbrauch.

Schädliche Klimagase entstehen bei der Produktion jeglicher Lebensmittel. Aber nicht alle Nahrungsmittel bewirken einen gleich großen CO2-Ausstoß. Fleisch- und Milchprodukte beispielsweise belasten das Klima wesentlich stärker als andere Lebensmittel. Rund 60 Prozent der Treibhausgase, die durch die Nahrungsmittelproduktion verursacht werden, gehen auf das Konto der Herstellung von tierischen Produkten. Eine der wirksamsten Maßnahmen gegen den Klimawandel, die jede und jeder von uns ergreifen kann, ist also eine umweltschonende Ernährung. Aber wo beginne ich da? Ist das nicht unfassbar kompliziert? Und: Schmeckt das denn überhaupt?

Dieses Buch lädt euch ein in die bunte Welt der nachhaltigeren Küche. Ihr werdet staunen, wie einfach, abwechslungsreich und lecker die pflanzliche Küche ist. Mit einfachen Tricks, Tipps und Beispielen möchte ich euch zeigen, wie der Umstieg auf eine nachhaltigere Küche ganz einfach gelingt – ohne, dass dafür viel Zeit oder Geld aufgewendet werden muss. Ganz im Gegenteil: Wer saisonal und regional konsumiert, schont das Portemonnaie sogar. Hinzu kommt, dass das Experimentieren mit neuen Zutaten unglaublich viel Spaß macht.

Verzicht oder Bereicherung?

Nachhaltigkeit wird oft sofort mit Verzicht gleich-gesetzt. Dabei erlebe ich das pure Gegenteil: Seitdem ich mich pflanzenbasiert ernähre, regional und saisonal einkaufe, bin ich in der Küche viel kreativer geworden. Und ja: Es schmeckt – und wie! Meine Wocheneinkäufe waren noch nie so bunt und vielsei-tig, wie sie es heute sind, mein Speiseplan noch nie so ausgewogen und reichhaltig. Ich weiß genau, was wann Saison hat und habe einen völlig neuen Bezug zu Lebensmitteln bekommen. Die Glücksgefühle, die in meiner Jugend das Einkaufen von Fast Fashion ausgelöst haben, verspüre ich heute, wenn es nach einem langen Winter zum ersten Mal wieder lokalen Spargel zu kaufen gibt oder im Spätsommer die ersten Kürbisse auf den Markt kommen.

Natürlich habe aber auch ich nicht von heute auf morgen auf pflanzliche Ernährung umgestellt, all mein Gemüse in Bioqualität auf dem Wochen-markt eingekauft und meine Vorräte nur noch unver-packt im Zero-Waste-Laden bezogen. Unter uns gesagt: Das schaffe ich selbst heute nicht immer. Doch der Schritt zu einer nachhaltigeren Ernährung heißt sowieso nicht, all seine Gewohnheiten über Bord zu werfen, den Inhalt des Kühlschranks wegzu-kippen und ein gänzlich neues Leben zu beginnen. Es ist ein Prozess. Das Ziel ist nicht, irgendwann ein perfektes Öko-Leben zu führen. Vielmehr geht es darum, bewusster mit Ressourcen umzugehen, Schritt für Schritt alte Verhaltensmuster zu überdenken

und (wieder) Freude am Selbermachen und Experi-mentieren mit neuen Zutaten zu entwickeln. Nachhaltigkeit darf Spaß machen. Ja, das muss es sogar! Denn schließlich soll – und das steckt in dem Begriff bereits drin – diese Form der Ernährung langfristig Sinn ergeben und schmecken.

Dieses Buch habe ich darum auch nicht mit der Absicht geschrieben, aus euch allen Veganer und Veganerinnen machen zu wollen. Das würde auch gar nicht funktionieren. Wir alle stehen zu diesem Zeitpunkt an ganz unterschiedlichen Punkten in unse-rem Leben. Und was Nachhaltigkeit in Bezug auf die Ernährung bedeutet, entscheidet jede und jeder für sich – gerade, weil Ernährung sehr persönlich und individuell ist.

Wichtig ist nicht nur, was wir für eine umwelt-verträglichere Zukunft tun, sondern auch, dass wir uns überhaupt auf den Weg machen. Diese Ent-scheidung habt ihr ja bereits getroffen, indem ihr euch für dieses Buch entschieden habt. Nun liegt es an euch, euch selbst zu fragen, was ihr wollt: Vielleicht möchtet ihr weniger oder gar keine Fleisch- und Milch-produkte mehr essen. Vielleicht liegt euer Fokus aber auch mehr auf dem Thema Müll vermeiden oder regional und saisonal konsumieren. Oder ihr freut euch einfach auf leckere Rezepte und neue kulinari-sche Inspirationen. Das bestimmt ihr – genauso wie das Tempo, mit dem ihr die Themen, die euch am Herzen liegen, angeht.

Warum eigentlich pflanzlich?

Die meiste Zeit meines Lebens habe ich mich vegetarisch ernährt. Bereits mit drei Jahren beschloss ich, keine Tiere mehr zu essen. Schon früh habe ich also begriffen, dass das, was auf der Packung der Bratwurst abgebildet war, dasselbe Tier sein musste wie das auf dem Bauernhof nebenan. Zum Erstaunen aller sollte sich dieser Entschluss nicht als vorübergehende kindliche Phase, sondern vielmehr als eine Lebenseinstellung herausstellen. Mein Glück war es, dass meine Eltern meine Entscheidung nie infrage stellten und von Anfang an respektiert haben. Vor allem mein Papa, der Koch in unserer Familie, setzte alles daran, mir täglich eine vegetarische Extrawurst zu zaubern. Wahrscheinlich weckte auch das mein Interesse am Kochen mit frischen Zutaten. Schon als kleines Kind stand ich auf einem Stuhl neben ihm am Kochherd und lugte neugierig in alle Töpfe. Es gab kaum ein Gericht, das aufgetischt wurde, ohne vorher von mir getestet worden zu sein.

Mit dem Auszug aus dem Elternhaus mit neunzehn Jahren begann ich mich für eine rein pflanzliche Ernährung zu interessieren. Ich las viel Fachliteratur dazu und versuchte mich jeden Tag an neuen Rezepten. Damals standen für mich vor allem ethische Beweggründe im Vordergrund. Bis ich mich dann aber wirklich ganz vegan ernährte, dauerte es nochmals gut zwei Jahre. Für mich war das absolut stimmig so. Andere Menschen in meinem Umfeld haben später über Nacht denselben Schritt gewagt und sind bis heute dabeigeblieben. Ihr seht – auch hier gibt es kein Richtig oder Falsch. Jede und jeder in seinem Tempo.

Dass ich heute noch von meiner Ernährungsweise überzeugt bin, hängt damit zusammen, dass ich damals wie heute merke, wie gut das Weglassen von tierischen Produkten meiner Gesundheit tut, und zugleich weiß, wie gut es auch für unseren Planeten ist. Und das gab und gibt mir gleich ein doppelt gutes Gefühl. Ich sehe jeden Einkauf als Stimmzettel. So bestimme ich tagtäglich mit, in was für einer Welt ich leben möchte. Wann immer ich mich damit für den Klimaschutz entscheiden kann – sei es indem ich weniger Plastik brauche, meine eigenen Tüten mitbringe, Bio bevorzuge oder eben auf tierische Produkte verzichte –, möchte ich das tun.

Wie unterschiedlich die CO_2-Emissionen pro Kilogramm eines Lebensmittels ausfallen, zeigt folgende Tabelle. Je höher die CO_2-Bilanz, desto schlechter für die Umwelt:

ÖKOBILANZ VERSCHIEDENER LEBENSMITTEL IM ÜBERBLICK:

CO₂ PRO KILOGRAMM

Regionales Obst und Gemüse	130–300 g
Kartoffeln	230 g
Milch	950 g
Joghurt	1220 g
Eier	2500 g
Geflügel	3500 g
Schweinefleisch	4300 g
Käse	8500 g
Rindfleisch	15 000 g
Butter	24 000 g

Regional, saisonal, bio

Eine pflanzliche Ernährung ist mit Abstand die umweltfreundlichste Ernährungsform. Sogar die Tierprodukte, die am wenigsten Einfluss auf die Umwelt haben, verursachen noch immer mehr Umweltzerstörung als die am wenigsten nachhaltigen Gemüse- und Getreidearten. Und dennoch: Vegan allein genügt nicht. Regional, saisonal und biologisch einzukaufen, ist für mich genauso wichtig. Diese drei Kriterien gehören für mich inzwischen auch zusammen; ich kann sie heute gar nicht mehr losgelöst voneinander betrachten. Meine Sichtweise dazu hat sich in den letzten Jahren sehr stark verändert. Auslöser dafür war der Wochenmarkt, den ich zwei Mal wöchentlich besuche, seitdem ich in Luzern wohne.

Anders als in manchen anderen Städten ist der Markt hier geprägt von einer langen Tradition, er ist gar älter als die Stadt selbst. Wo andernorts oftmals billige Ware aus dem Großhandel verkauft wird, sind an den hiesigen Ständen meistens wirklich noch die Bauern selbst anzutreffen. Schnell kennt man sich persönlich beim Namen, wechselt bei jedem Einkauf ein paar Worte und bekommt transparent Auskunft über Herkunft und Anbau jeder Gemüsesorte. Das schafft Vertrauen und führt zu mehr Wertschätzung der Lebensmittel. Die beiden Biobauernhöfe, von denen ich all meine frischen Lebensmittel beziehe, liegen elf beziehungsweise zwanzig Kilometer entfernt von meinem Wohnort. Mir war es wichtig, beide Höfe auch einmal selbst zu besuchen, um zu wissen, woher mein Obst und Gemüse eigentlich stammt.

Wer regional einkauft, unterstützt kleine und mittlere Betriebe und damit die heimische Wirtschaft. Die kurzen Transportwege schonen die Umwelt. Außerdem ist lokal angebautes Gemüse und Obst viel aromatischer, frischer und knackiger. Und damit auch nährstoffdichter. Es ist also keine Einbildung, wenn ich behaupte, den Unterschied wirklich zu schmecken.

Was »regional« bedeutet, ist übrigens nicht genau definiert. Der Begriff ist nicht geschützt. Hersteller und Händler legen ihren eigenen Radius fest. Manchmal sind das dreißig, manchmal aber auch fünfzig oder gar hundert Kilometer. In der Schweiz orientiert man sich aber eher an ersterer Zahl, da das ganze Land weitaus weniger Fläche aufweist als beispielsweise Deutschland.

Noch umweltfreundlicher wird der Einkauf, wenn neben regional zusätzlich saisonal konsumiert wird. Entscheidend ist hier vor allem, dass das Gemüse und Obst aus Freilandanbau kommen. Viele Bauernhöfe arbeiten nämlich mit Gewächshäusern, die sie zusätzlich beheizen. Und das schlägt sich maßgeblich im ökologischen Fußabdruck der Lebensmittel nieder. Bis zu dreißigmal mehr Treibhausgas fällt an, wenn Gemüse und Obst drinnen statt draußen im Freiland wachsen.

Dass regional allein nicht immer die bessere Wahl ist, zeigt auch folgender Vergleich: Eine in Spanien im Freiland produzierte Wintertomate, die im Mai geerntet und in der Schweiz verkauft wird, ist zehnmal weniger umweltschädlich als eine zur gleichen Zeit aus beheiztem Anbau aus der Schweiz stammende Tomate. Deshalb ist das Einsparpotenzial an Treibhausgasemissionen bei Gemüsen oder Früchten durch einen bewussten Einkauf sehr groß. Mein Tipp: Gemüse sollte möglichst in der Saison konsumiert werden, dann, wenn es auch wirklich im Freiland produziert werden kann. Ganz zu vermeiden wäre Gemüse und Obst, die mit dem Flugzeug transportiert werden. Warum dies so wichtig ist, zeigt der folgende Vergleich deutlich:

PRODUKT	HERKUNFT	CO_2-BILANZ PRO KG
Obst/Gemüse	regional	130–300 g
Obst/Gemüse	Übersee (Flug)	11 300 g

Ein weiterer Pluspunkt der regionalen und saisonalen Küche ist der Preis. Sehr oft sind diese Produkte günstiger als Importware aus dem Ausland – selbst wenn sie biologisch angebaut wurden. Doch warum ist es eigentlich so wichtig, dass Gemüse und Obst auch noch biologisch sind, wenn sie doch schon regional und saisonal sind?

Biologischer Anbau ist besser für die Umwelt. Synthetische Düngemittel, wie sie in der konventionellen Landwirtschaft eingesetzt werden, sind Gift für das Grundwasser, laugen die Böden aus und schaden Tieren wie beispielsweise Bienen. Hinzu kommt, dass biologisch erzeugte Lebensmittel mehr sekundäre Pflanzenstoffe enthalten und damit grundsätzlich gesünder sind für uns. Persönlich ist für mich Bioqualität zusätzlich ein wichtiger Faktor, weil ich als Veganerin zwar auf tierische Produkte verzichte, die Bauern, bei denen ich einkaufe, aber teilweise natürlich Tiere halten. Bei einem Hof, der biologisch produziert, weiß ich immerhin, dass die Tiere artgerechter gehalten, ihnen keine Antibiotika gespritzt werden und sie kein Futter aus genmanipuliertem Soja aus Übersee bekommen.

Heimisch statt exotisch

Alle Rezepte in diesem Buch orientieren sich am Saisonkalender. Gegessen wird, was die Natur zur jeweiligen Jahreszeit bereithält. Was mein Buch zusätzlich von vielen anderen pflanzlichen Kochbüchern unterscheidet, ist, dass neben tierischen Produkten auch auf alles Exotische wie beispielsweise Bananen, Cashewnüsse oder Kokosöl verzichtet wird. Ein saftiges Apfel-Birnen-Brot kann es nämlich längst aufnehmen mit dem hippen Bananenbrot, und ein Aufstrich aus grünen Erbsen schmeckt mindestens so lecker wie Guacamole aus Avocados. Gesünder sind exotische Superfoods im Übrigen auch nicht: Ein Smoothie mit heimischen Blaubeeren kann es locker mit der Açai-Bowl aus dem Regenwald aufnehmen.

Es ist meine Überzeugung, dass uns vor allem das guttut, was in unserem Umkreis wächst. Die Natur ist schlau und wird sich etwas dabei gedacht haben, dass zu bestimmten Jahreszeiten nur bestimmte Lebensmittel wachsen. Hinzu kommt, dass die Transparenz der Wertschöpfungskette eines Produkts immer mehr abnimmt, je weiter ein Lebensmittel reist. Und lange Wege bedeuten natürlich auch immer zusätzliches CO2. Generell hinterfrage ich, ob wir hierzulande überhaupt tropische Früchte benötigen. Egal ob per Schiff oder Flugzeug gereist: Sie schmecken niemals so gut wie in den Tropen. Zudem werden sie so früh geerntet und haben so lange Transportzeiten, dass die meisten Vitamine und Mineralstoffe auf dem Weg zu uns verloren gehen.

Natürlich ist mir bewusst, dass es in einer globalisierten Welt wie unserer heutigen unmöglich ist, absolut allen importierten Lebensmitteln aus dem Weg zu gehen. Und das wäre auch zu dogmatisch. Auch ich trinke sehr gerne jeden Tag meinen Kaffee und stelle euch in diesem Buch zwei Desserts mit Kakao vor. Es geht hier um die Balance und eine gewisse Verhältnismäßigkeit. Wann immer exotische Zutaten ganz einfach durch ebenbürtige heimische Alternativen ersetzt werden können, wird es in diesem Buch getan. So backe ich beispielsweise mit Walnüssen und Haselnüssen statt mit Mandeln oder Cashews, und Desserts süße ich mit Birnendicksaft statt Ahornsirup oder Agavendicksaft.

Heimisch statt exotisch lautet also das Credo: Für meine Rezepte verwende ich folgende regional hergestellte und produzierte Lebensmittel (links) und verzichte dadurch auf die exotischeren Varianten, die einen viel größeren ökologischen Fußabdruck aufweisen (rechts).

HEIMISCH	EXOTISCH
Heidelbeeren Blaubeeren	Açaibeeren Gojibeeren
Hirse Buchweizen Hafer	Quinoa
Leinsamen	Chiasamen
Walnüsse	Avocado
Sonnenblumenkerne	Cashews
Haselnüsse	Mandeln
Rapsöl Sonnenblumenöl	Kokosöl

Birnendicksaft	Agavendicksaft Ahornsirup
Hafersahne	Kokosmilch
Balsamico Rotwein	Sojasauce
Basmatireis Risottoreis	Jasminreis
Grüne Linsen Tellerlinsen	Rote Linsen
Birnendicksaft Apfeldicksaft	Agavensirup Ahornsirup Reissirup
Rohrzucker	Kokosblütenzucker

Bei allen Lebensmitteln, die kaum oder schlecht
durch hiesige zu ersetzen sind und die von weit her
nach Europa kommen – beispielsweise Kakao
oder Kaffee –, ist es entscheidend, dass sie aus wirklich fairer und biologischer Produktion stammen.
Das sichert das Grundeinkommen von ausländischen
Kleinbauern und fördert Misch- statt Monokulturen.

Kochen und backen ohne tierische Produkte

Das Kochen und Backen ohne Produkte tierischen Ursprungs ist zu Beginn eine Umstellung. Ich erinnere mich noch gut daran, wie ich damals bei meinem Umstieg von Vegetarisch auf Vegan fluchend in der Küche stand, weil ich schon das dritte Blech mit Blaubeermuffins verhauen hatte. Heute weiß ich genau, was ich falsch gemacht habe. Statt mir Gedanken zu machen, wie ich Eier, Butter und Milch ersetzen könnte, habe ich diese einfach weggelassen. Dass das nicht gelingen kann, ist natürlich klar.

Doch keine Angst – besonders kompliziert ist das Ersetzen von Eiern, Milch, Joghurt, Käse, Butter und Fleisch nicht. Die folgende Tabelle hilft euch dabei, einen guten ersten Überblick zu bekommen. Im Rezeptteil dieses Buches findet ihr natürlich bei jeder Anleitung eine genaue Beschreibung, wie der entsprechende Ersatz zu verwenden ist. Bei den meisten Rezepten werdet ihr nicht einmal merken, dass ihr es gerade mit einer Alternative zu tun habt.

TIERISCHE PRODUKTE EINFACH PFLANZLICH ERSETZEN:

PFLANZLICH	TIERISCH
Hafermilch (oder andere pflanzliche Milchalternative)	Kuhmilch
Sojajoghurt	Joghurt
Hafersahne	Rahm (Sahne)
Tofu, Linsen, Seitan, Lupineneiweiß	Fleisch
Birnendicksaft	Honig
Leinsamen-Ei, Seidentofu, Nussmus	Eier
Pektin, Agar-Agar	Gelatine
Margarine, Pflanzenöl	Butter
Sonnenblumen-Dip	Streichkäse
Walnuss-Parmesan	Parmesan

Meine Einkaufsliste

Nachdem ich bisher vor allem erzählt habe, was in meiner Küche nicht auf dem Teller landet, möchte ich euch nun zeigen, was sich dennoch alles in meinem Vorratsschrank, Kühlschrank und im Tiefkühler befindet. Wer Angst hatte, dass es da nicht mehr viel Auswahl gibt, wird durch diese Liste hoffentlich umgestimmt. Viele der hier genannten Lebensmittel und Zutaten kommen im Rezeptteil dieses Buches zum Einsatz.

IMMER AUF VORRAT

Sonnenblumenkerne
Kürbiskerne
Walnüsse
Haselnüsse
Knoblauch
Zwiebeln
Sonnenblumenöl
Rapsöl
Olivenöl
Leinsamen
Hanfsamen
Balsamico
Birnendicksaft

GEWÜRZE

Kräutersalz
Provence-Kräuter
Cayennepfeffer
Schwarzer Pfeffer
Chiliflocken
Currypulver
Kardamom
Nelkenpulver
Muskatnuss
Koriander
Paprika, edelsüß
Senfsamen
Zimt
Hefeflocken
Knoblauchpulver
Kurkumapulver

PASTA, GETREIDE, HÜLSENFRÜCHTE

Buchweizen
Haferflocken
Hirse
Hirseflocken
Grüne Linsen
Tellerlinsen
Basmatireis
Risottoreis
Vollkornpasta

IM KÜHLSCHRANK

Senf
Ingwer
Kurkuma
Gemüse je nach Saison
Früchte nach Saison
Frische Kräuter
Hafermilch
Hafersahne
Pflanzlicher Joghurt
Tomatenmark
Zitronen
Gemüsebrühe

IM GEFRIERSCHRANK

Beeren
Erbsen
Gehackte Kräuter

MEHLE

Roggenmehl
Helles Dinkelmehl
Backpulver

Saisonkalender für das ganze Jahr

Welches Obst und Gemüse hat wann Saison? Seitdem ich auf dem Wochenmarkt einkaufe, bin ich für viele meiner Freundinnen und Freunde so etwas wie der personifizierte Saisonkalender geworden. Ich kann es ihnen nicht verübeln: Schließlich hat in der Frischeabteilung des Supermarkts fast alles andauernd Saison. Dadurch verlieren wir den Bezug dazu, welche Lebensmittel denn nun wirklich wann erntereif sind. Die folgende Liste soll euch einen Überblick verschaffen und euch auch beim Aussuchen der Rezepte als Orientierung dienen.

Es ist übrigens gut möglich, dass es manchmal zu Abweichungen kommt. Durch den Klimawandel und die dadurch bedingten enormen Temperaturschwankungen geraten auch die Ernten durcheinander, weil Obst und Gemüse zu anderen als den üblichen Zeitpunkten erntereif sind. So kommt es vor, dass Tomaten plötzlich schon drei Wochen früher reif sind oder der Spinat vor lauter Trockenheit mal gar nicht wächst. Im Zweifelsfall also lieber zweimal nachfragen, ob das Produkt wirklich aus der Region kommt.

Frühling

APRIL
OBST Rhabarber
GEMÜSE Champignons, Lauch, Spargel, Spinat
SALATE Chicorée, Feldsalat/Nüsslisalat, Portulak, Rucola

MAI
OBST Erdbeeren, Rhabarber
GEMÜSE Blumenkohl, Champignons, Frühlingszwiebeln, Kohlrabi, Lauch, Mangold, Radieschen, Spargel
SALATE Batavia, Endiviensalat, Kopfsalat, Rucola

JUNI
OBST Erdbeeren, Heidelbeeren, Kirschen
GEMÜSE Blumenkohl, Bohnen, Brokkoli, Champignons, Erbsen, Fenchel, Frühlingszwiebeln, Gurke, Karotten, Kartoffeln, Lauch, Kohlrabi, Mangold, Radieschen, Rotkohl, Weißkohl, Wirsing, Zucchini
SALATE Batavia, Eichblattsalat, Eisbergsalat, Endiviensalat, Kopfsalat, Rucola

Sommer

JULI

OBST Aprikosen, Brombeeren, Heidelbeeren, Himbeeren, Johannisbeeren, Kirschen, Pflaumen, Zwetschgen

GEMÜSE Blumenkohl, Bohnen, Brokkoli, Champignons, Erbsen, Fenchel, Gurke, Frühlingszwiebeln, Karotten, Kartoffeln, Kohlrabi, Lauch, Mangold, Paprika/Peperoni, Stangensellerie, Tomaten, Mais, Zwiebeln

SALATE Batavia, Eichblattsalat, Eisbergsalat, Endiviensalat, Kopfsalat, Portulak, Rucola

AUGUST

OBST Äpfel, Birnen, Brombeeren, Himbeeren, Heidelbeeren, Holunderbeeren, Johannisbeeren, Kirschen, Melonen, Pflaumen, Zwetschgen

GEMÜSE Aubergine, Blumenkohl, Bohnen, Brokkoli, Champignons, Erbsen, Fenchel, Gurke, Karotten, Kartoffeln, Kohlrabi, Kürbis, Lauch, Mais, Mangold, Paprika/Peperoni, Wirsing, Zucchini, Zwiebeln

SALATE Batavia, Eichblattsalat, Eisbergsalat, Endiviensalat, Kopfsalat, Portulak, Rucola

SEPTEMBER

OBST Äpfel, Birnen, Himbeeren, Pflaumen, Quitten, Trauben, Zwetschgen

GEMÜSE Aubergine, Brokkoli, Bohnen, Champignons, Fenchel, Frühlingszwiebeln, Gurke, Karotten, Kartoffeln, Knollensellerie, Kohlrabi, Kürbis, Lauch, Mais, Mangold, Paprika/Peperoni, Rote Bete/Rande, Rotkohl, Spinat, Tomaten, Wirsing, Zucchini, Zwiebeln

SALATE Batavia, Eichblattsalat, Eisbergsalat, Endiviensalat, Kopfsalat, Portulak, Rucola

Herbst

OKTOBER

OBST Äpfel, Birnen, Quitten, Trauben, Zwetschgen

GEMÜSE Aubergine, Blumenkohl, Bohnen, Brokkoli, Fenchel, Grünkohl, Karotten, Kartoffeln, Knollensellerie, Kohlrabi, Lauch, Mangold, Pastinake, Radieschen, Rosenkohl, Rote Bete/Rande, Rotkohl, Schwarzwurzeln, Spinat, Steckrübe, Topinambur, Wirsing, Zucchini, Zwiebeln

SALATE Chicorée, Chinakohl, Eichblattsalat, Eisbergsalat, Endiviensalat, Feldsalat/Nüsslisalat

NOVEMBER

OBST Äpfel

GEMÜSE Fenchel, Grünkohl, Knollensellerie, Kürbis, Lauch, Pastinake, Rosenkohl, Rote Bete/Rande, Rotkohl, Topinambur, Spinat

SALATE Chicorée, Chinakohl, Endiviensalat, Feldsalat/Nüsslisalat

Winter

DEZEMBER

GEMÜSE Champignons, Grünkohl, Lauch, Pastinake, Rosenkohl, Schwarzwurzeln, Steckrübe, Topinambur, Wirsing

SALATE Chicorée, Chinakohl, Endiviensalat, Feldsalat/Nüsslisalat

JANUAR

GEMÜSE Champignons, Grünkohl, Lauch, Pastinake, Rosenkohl, Schwarzwurzeln, Topinambur, Wirsing

SALATE Chicorée, Chinakohl, Feldsalat/Nüsslisalat

FEBRUAR

GEMÜSE Champignons, Grünkohl, Lauch, Pastinake, Rosenkohl, Wirsing, Schwarzwurzeln

SALATE Chicorée, Feldsalat/Nüsslisalat

MÄRZ

GEMÜSE Champignons, Lauch, Pastinake, Rosenkohl, Spinat, Topinambur

SALATE Chicorée, Feldsalat/Nüsslisalat

Tipps für die nachhaltige Küche

Eine nachhaltige Ernährung beginnt beim Einkauf. Zwischen diesem Schritt und dem fertigen Essen gibt es in der Küche aber noch zahlreiche weitere Dinge, die wir tun können, um unseren persönlichen ökologischen Fußabdruck zu reduzieren. In diesem Kapitel stelle ich euch die besten Tipps für eine umweltbewusste Küche vor.

Mein Vorschlag: Pickt euch einige Punkte heraus und versucht, sie in der kommenden Woche umzusetzen. Alles zusammen auf einmal perfektionieren zu wollen, dürfte euch überfordern und wohl kaum glücklich machen. Und – auf die Gefahr hin, mich zu wiederholen – bewusster Konsum und Nachhaltigkeit sollen und dürfen Spaß machen! Ich sehe das übrigens jeweils gerne als kleine Challenge an mich selbst oder fordere auch mal Freunde und Freundinnen auf, mitzumachen.

Nie mehr Food Waste

Lebensmittelverschwendung ist ein wachsendes Problem. Rund ein Drittel aller produzierten Lebensmittel landen in der Schweiz im Abfall, und in den umliegenden Ländern ist es nicht anders. Am meisten weggeworfen wird in den Privathaushalten. 300 Kilogramm Essen wirft jede und jeder hierzulande pro Jahr weg. Eine Katastrophe, wenn wir bedenken, dass wir damit knapp werdende Ressourcen wie Wasser, Energieträger und Böden verschwenden und belasten. Doch was können wir tun, um weniger Lebensmittel zu verschwenden? Die folgenden Tipps und Tricks ermöglichen es euch, gezielt etwas gegen Food Waste zu unternehmen.

Übrigens: Das Vermeiden von Food Waste schont auch den Geldbeutel. Es ist nur logisch, dass man Geld spart, wenn man weniger wegwirft. Jeder Haushalt in der Schweiz gibt jährlich ungefähr 1000 Franken aus für Essen, das dann ungenutzt weggeworfen wird. Was für eine Verschwendung!

1 BEWUSST UND GEZIELT EINKAUFEN

Wer zu viel Lebensmittel einkauft, wirft tendenziell mehr davon weg. Es mag altmodisch klingen, doch eine Einkaufsliste hilft euch dabei, gezielt nur Lebensmittel zu kaufen, die ihr wirklich braucht. So verhindert ihr »Kühlschrankleichen«. Auch bei Aktionen ist Vorsicht geboten. Was günstig ist, wird schnell mitgenommen. Doch brauchen wir das Produkt wirklich? Und zu guter Letzt: Nie mit leerem Magen einkaufen gehen! Denn dann lacht uns garantiert etwas an, was wir eigentlich gar nicht benötigen und womöglich später nicht im Magen, sondern eben im Müll landet.

2 LEBENSMITTEL RICHTIG LAGERN

Nach dem Einkauf geht es darum, die Lebensmittel so zu lagern, dass sie möglichst lange halten. Frische Produkte sollten am besten zuvorderst im Kühlschrank liegen. So könnt ihr sie immer sehen und sie aufbrauchen, bevor sie verderben. Angebrauchte Waren sollten in durchsichtigen Behältern aufbewahrt werden. Warum? In undurchsichtigen Frischhaltedosen vergisst man schnell, was da eigentlich drin ist.

3 DIE RICHTIGEN MENGEN KOCHEN

Oft sind es die kleinen Reste, die zu Food Waste führen. Zwei Löffel Reis, drei Gabeln Pasta: »Das lohnt sich nicht!«, denken wir dann oft. Deshalb ist es wichtig, bereits vor dem Kochen die richtigen Portionen festzulegen. Eine andere Möglichkeit ist, bewusst mehr zu kochen, um dann einen Rest gleich für eine weitere Mahlzeit verwenden zu können. Vorkochen kann nämlich auch dabei helfen, seine Menüs besser zu planen.

4 EINFRIEREN STATT WEGWERFEN

Wenn trotz aller Planung und Ordnung einmal etwas zu viel im Einkaufskorb gelandet ist, lassen sich die meisten Lebensmittel gut einfrieren. Das gilt nicht nur für Brot. Die meisten Esswaren halten im Gefrierfach über Monate hinweg.

5 ALLES KREATIV VERWERTEN

Welkes Gemüse ist noch lange kein Grund, damit den Biomüll zu füttern. Wie wäre es stattdessen mit einem leckeren Eintopf, einer schmackhaften Suppe oder einem Gratin? Auch für schrumpeliges Obst gibt es tolle Rezepte. Im Birchermüesli beispielsweise schmecken gerade reife Früchte extrem gut. Und ein Kompott aus alten Äpfeln oder Birnen ist im Nu gekocht und braucht nicht mehr Zutaten als das Obst und ein wenig Zimt. Ein toller Ansatz ist auch »Leaf To Root«: Das bedeutet, dass wir von der Wurzel bis zum Blatt alle Teile einer Pflanze verwerten. So könnt ihr beispielsweise aus Karottengrün oder Radieschenblättern ein leckeres Pesto zaubern oder den Brokkoli-Strunk fein schnippeln und zur Pasta mit in die Pfanne geben.

6 GERUCHSINN ÜBER DATUM

Ein weiterer wichtiger Aspekt ist das Mindesthaltbarkeitsdatum. Dieses sagt im Grunde genommen gar nichts über den tatsächlichen Zustand des Produktes aus. Das Datum gilt lediglich als Orientierung. Den Augen und der Nase zu vertrauen, ist immer besser, als sich sklavisch an einen Datumsstempel zu halten. So kann beispielsweise ein Joghurt noch bis zu vier Wochen nach dem Mindesthaltbarkeitsdatum bedenkenlos gegessen werden.

7 RESTEESSEN EINPLANEN

Wer die ganze Woche über immer ein bisschen zu viel kocht, hat nach ein paar Tagen ein ganzes Sammelsurium an Resten im Kühlschrank. Das muss aber gar kein Nachteil sein: Ein Resteessen kann nämlich schnell zu einem Festessen werden. Tisch einfach alle übrig gebliebenen Gerichte auf (am besten in Form eines kleinen Buffets), und ihr werdet sehen: Zusammen mit etwas Brot und einem frischen Salat schmeckt das allen hervorragend.

8 AUF DEM WOCHENMARKT EINKAUFEN

Lebensmittelverschwendung passiert zwar zum größten Teil zu Hause, findet aber auch schon bei den Bauern auf dem Feld statt. Indem ihr auf dem Markt einkauft, könnt ihr ein Zeichen setzen. Warum? Ein Großteil der Frischwaren schafft es gar nie in den Verkauf der Supermärkte: nämlich all die Karotten, Kartoffeln und Äpfel, die dem Handel zu groß, zu klein oder zu krumm sind und im schlimmsten Fall in der Biogasanlage landen. Auf dem Wochenmarkt haben sie noch eine Chance. Indem ihr bewusst nicht nur die schönen, sondern auch mal die etwas schiefen und krummen Gemüse und Früchte einkauft, tut ihr etwas Gutes.

9 ESSENSRESTE IM RESTAURANT EINPACKEN LASSEN

Auch wenn wir auswärts im Restaurant essen, haben wir die Möglichkeit, ein Zeichen gegen Food Waste zu setzen. Oft sind die Portionen, die aufgetischt werden zu groß, und wir essen nicht alles, was auf dem Teller ist. Lasst euch diese Reste beim nächsten Mal einfach einpacken. Ich habe dafür immer einen eigenen Behälter dabei, damit ich mir die Reste direkt dort einpacken lassen kann – das spart zusätzlichen Müll.

10 REGROW: GEMÜSE NACHWACHSEN LASSEN

Die Idee des Regrowing ist, Gemüse zu Hause nachwachsen zu lassen, statt die Überbleibsel wegzuwerfen. Das funktioniert beispielsweise bei Frühlingszwiebeln ganz ausgezeichnet. Dafür müsst ihr nur den Strunk samt eventuell vorhandenen Wurzeln (insgesamt ungefähr fünf Zentimeter) in ein Glas oder eine kleine Schüssel mit Wasser legen (das Wasser alle zwei Tage wechseln) und das Ganze auf ein Fensterbrett oder an einen Ort mit viel Licht stellen. Bereits nach einigen Tagen sollten die Wurzeln zu wachsen beginnen. Nun kann die Frühlingszwiebel in Erde eingepflanzt oder auch im Wasser belassen und dann der nachgewachsene Stängel für ein neues Gericht verwendet werden. Dasselbe funktioniert bei Salaten wie Lattich oder auch bei Kartoffeln.

Weniger Müll

RECYCELN UND MÜLLTRENNUNG

Am besten ist es natürlich, wenn Müll gar nicht erst anfällt. Da das für die meisten Haushalte aber unrealistisch ist, spielt folgendes eine unglaublich wichtige Rolle: Korrekt zu entsorgen, zu trennen und zu recyceln ist das Mindeste, was wir alle tun können.

Gerade Plastik wird in der Schweiz bislang leider noch nicht standardmäßig getrennt. In Deutschland und Österreich ist das schon länger allgemeingültige Praxis. Auch hierzulande gibt es aber die Möglichkeit, sich einen separaten Sack zuzulegen und darin alles Plastik zu sammeln. Die Säcke können anschließend an verschiedenen spezialisierten Sammelstellen abgegeben werden.

WACHSTÜCHER STATT PLASTIKFOLIE

Angebrochene Lebensmittel werden ohne zusätzlichen Schutz viel schneller welk, trocken oder schimmeln. Um Verderb und Food Waste zu vermeiden, brauchen sie einen zusätzlichen Schutz. Umweltfreundlicher als Alu- oder Plastikfolie sind wiederverwendbare Tücher aus Wachs. Es gibt sie im Handel mit Bienen- oder veganem Wachs beschichtet zu kaufen.

Wusstet ihr übrigens, dass auch für unsere Gesundheit das Verpacken von Lebensmitteln in Plastikfolie schädlich sein kann? Es können sich schädliche Stoffe aus dem Kunststoff lösen und auf die Lebensmittel übergehen. Vor allem die enthaltenen Weichmacher stehen im Verdacht, verschiedene Krankheiten zu fördern, hormonell zu wirken oder gar mit Brustkrebs in Zusammenhang zu stehen.

GLÄSER WIEDERVERWENDEN

Weil Plastik immer mehr in Verruf gerät, erlebt Glas als Verpackungsmaterial ein regelrechtes Revival. Doch aufgepasst: Glas ist umwelttechnisch eigentlich nur dann sinnvoll, wenn es nur kurze Strecken zurücklegt, als Pfandflasche recycelt oder eben nochmals wiederverwendet wird.

Gläser lassen sich bestens ausspülen und danach zum Einmachen von Konfitüre, Chutneys usw. verwenden. Ich lagere auch gerne Vorräte wie Linsen, Reis oder Pasta in Gläsern, weil ich so gleich sehe, was und wie viel ich noch zu Hause habe. Gläser sind auch eine tolle Verpackung, um jemandem etwas Selbstgemachtes aus der Küche mitzubringen, beispielsweise gefüllt mit hausgemachtem Granola.

BYE-BYE KÜCHENROLLE

Es gibt Dinge in der Küche, die ich aus Nachhaltigkeitsgründen ersatzlos gestrichen habe. Dazu gehört die Küchenrolle. Inzwischen gibt es auch nachhaltigere Alternativen aus Stoff – aber Hand aufs Herz: Eigentlich kann man alles einfach mit einem Lappen aufwischen und/oder mit einem Tuch trocknen.

BAUMWOLLE STATT MIKROFASER

Kunstfasern, wie sie für Putzlappen aus Mikrofaser verwendet werden, sind super praktisch, und ihre Herstellung verbraucht weniger Wasser als Baumwolle. Nur werden sie leider aus Erdöl hergestellt und sind vor allem in der Kombination mit Wasser ein Problem. Bei jedem Waschen lösen sich kleine Mikropartikel der Fasern ab und gelangen ungefiltert ins Abwasser. Sie werden nicht abgebaut und bleiben damit Jahrhunderte im Umlauf. Darum sind Baumwolllappen die bessere Alternative.

LEITUNGSWASSER TRINKEN

Ein Jahr lang täglich zwei Liter Mineralwasser aus der Flasche zu trinken, ergibt dieselbe CO_2-Bilanz wie eine Autofahrt von 2070 Kilometern. Bei derselben Menge Leitungswasser hingegen sind es nur 2 ½ Kilometer. Dieser Vergleich zeigt augenfällig, warum es absolut sinnvoll ist, Wasser aus dem Hahn zu trinken. Allein in der Schweiz liegt der Mineralwasserkonsum insgesamt bei 890 Millionen Liter im Jahr. Dafür fährt ein Auto 26 000-mal um die Welt. Auch in Deutschland wird viel Mineralwasser getrunken, es sind rund 142 Liter pro Kopf und Jahr oder insgesamt rund 11 Milliarden Liter.

Die Umweltbelastung beim Konsum von Mineralwasser ist 450-mal höher als bei dem von Trinkwasser aus dem Hahn. Das gilt übrigens auch für Mineralwasser aus der Region. Und ob das Wasser dann im Glas oder in der Plastikflasche daherkommt, ist lediglich noch ein Tropfen auf dem heißen Stein. Meistens ist Glas letztlich sogar umweltschädlicher, da die Transportwege sehr lang sind und es aufwendig ist, die Glasflaschen zu reinigen und aufzubereiten.

TRICKS FÜR UNTERWEGS

Nicht jede Mahlzeit wird zu Hause gegessen. Gerade unterwegs ist die Hürde, Müll zu sparen, nochmals größer. Mit einigen sinnvollen und praktischen Begleitern ist es aber auch außerhalb der eigenen vier Wände möglich, ökologischer einzukaufen und zu konsumieren.

FOLGENDE DINGE SIND FESTER BESTANDTEIL MEINES RUCKSACKS:

- wiederverwendbare Netze für Obst und Gemüse
- Jutebeutel für das Tragen möglicher Einkäufe
- ein kleiner Baumwollbeutel für den Einkauf beim Bäcker
- ein faltbarer Behälter für den Einkauf von offenen Grundnahrungsmitteln
- ein wiederverwendbarer Kaffeebecher
- eine Edelstahl-Tupperdose
- ein Göffel (eine Kombination aus Gabel und Löffel)

Ausserdem gut zu wissen

BACKOFEN VORHEIZEN: OFT UNNÖTIG

Bei allen Gerichten, die in kurzer Zeit bei hohen Temperaturen zubereitet werden, lohnt sich das Vorheizen (zum Beispiel beim Backen einer Pizza). Für andere Gerichte (Aufläufe, Kuchen, Hefeteig) ist das Vorheizen des Backofens aber überhaupt nicht entscheidend. Somit kann diese Energie getrost eingespart werden.

KOCHEN MIT DECKEL

1 ½ Liter Wasser kommt mit Deckel dreimal schneller zum Kochen als ohne. Das spart natürlich jede Menge Energie. Gerade beim Aufkochen von Wasser für Pasta oder um beispielsweise Kartoffeln zu sieden, ist der Deckel sehr sinnvoll.

EINFETTEN VON BACKFORMEN

Das Auslegen von Formen mit Backpapier ist in den allermeisten Fällen überflüssig. Oft reicht es, Kuchenformen oder Bleche gut einzufetten. Inzwischen gibt es auch Backmatten aus Silikon, die zwar wiederverwendbar sind, aber bei denen mir persönlich die Problematik der Entsorgung ein Dorn im Auge ist. Ich kaufe daher für jene Fälle, in denen ich Backpapier benötige, eine nachhaltigere Alternative ohne Plastik aus dem Reformhaus oder Bioladen und achte darauf, wann immer es geht, gar kein Papier zu verwenden.

IN QUALITÄT INVESTIEREN

Bei Pfannen und Töpfen wie auch diversen Küchengeräten lohnt es sich, in gute Produkte zu investieren. Gerade bei Elektrogeräten ist die Versuchung groß, sich ein günstigeres Modell anzuschaffen. Meine mit Abstand beste Kücheninvestition war, einen wirklich guten Standmixer zu kaufen. Auf diesen habe ich sieben Jahre Garantie, was es mir ermöglicht, das Gerät reparieren zu lassen. Auch das ist Nachhaltigkeit in der Küche. Dasselbe gilt für Pfannen und Töpfe. Qualitativ gute Modelle halten nicht nur länger, sondern sind meistens auch besser für die eigene Gesundheit. Gerade bei günstigen Pfannen löst sich beispielsweise oft die Beschichtung ab, was beim Erhitzen von Speisen extrem ungesund ist.

TEIGSCHABER

Zu guter Letzt sei noch der Teigschaber erwähnt. Wer schon einmal ein Pesto, einen Smoothie oder eine andere Mischung im Mixer oder mit dem Pürierstab zubereitet hat, weiß, wie viel davon am Ende noch im Mixbehälter zurückbleibt. Am besten lässt sich das Ganze mit einem Teigschaber herauskratzen.

BESSER ALS GEKAUFT

Dinge selbst herzustellen ist etwas, was viele von uns – ich eingeschlossen – verlernt haben. Das fällt mir immer wieder auf, wenn ich meinen Opa besuche, der ganz selbstverständlich viele Sachen von Grund auf selbst herstellt. Wenn ich ihm dann meine Bewunderung dafür ausspreche, versteht er gar nicht wirklich, was ich damit meine. Für ihn ist Selbermachen ganz normal. Meine Generation – und auch schon die meiner Eltern – ist da wesentlich verwöhnter. Schließlich gibt es inzwischen so ziemlich alles fertig zu kaufen. Der Convenience-Markt boomt und erspart uns gerade in unserem hektischen Alltag viel Zeit.

Es gibt aber gute Gründe, warum es auch heute noch absolut sinnvoll ist, diesen Mehraufwand in Kauf zu nehmen. Denn die hausgemachten Alternativen schonen den Geldbeutel, sind meistens viel gesünder und reduzieren auch Abfall und Plastikmüll. Obendrein schmecken sie sehr viel besser – und das ist wohl das beste Argument, um sich Schritt für Schritt (wieder) ans Selbermachen heranzutasten.

Gerne zeige ich euch, welche Zutaten ich lieber selbst zubereite, als sie fertig zu kaufen. Eines sei vorab verraten: Es ist fast lachhaft, wie einfach das meiste davon herzustellen ist. Und besonders praktisch: Viele der folgenden Grundzubereitungen sind lange haltbar und können so gleich in größeren Mengen hergestellt werden. Auf mein leckeres Pfannen-Granola ohne raffinierten Zucker und aus rein regionalen Zutaten möchte ich jedenfalls nicht mehr verzichten. Es steht immer in einem großen Glas bei mir im Küchenregal und ist zusammen mit pflanzlichem Joghurt – auch selbst hergestellt – der ideale Snack für zwischendurch oder das perfekte schnelle Frühstück.

Ein weiterer Favorit in dieser Kategorie ist der Walnuss-Parmesan und das herzhafte Granola mit Buchweizen. Beides schmeckt auf praktisch jedem herzhaften Gericht lecker als Topping und verleiht einer noch so simplen Mahlzeit das gewisse Etwas.

Nicht unerwähnt bleiben soll der hausgemachte Kimchi und der Ansatz für echtes selbstgemachtes Sauerteigbrot. Fermentieren macht unglaublich viel Spaß, und die Verdauung freut sich ebenfalls darüber. Gerade beim Fermentieren lohnt es sich, selbst gute Bakterienkulturen zu züchten. Oft sind die fertig gekauften Varianten pasteurisiert und verlieren damit ihren eigentlichen Gesundheitseffekt.

Schnelles Pfannen-Granola

So schnell, wie das knusprige Müesli bei uns zu Hause vertilgt wird, komme ich gar nicht mit Backen hinterher. Darum habe ich irgendwann ausprobiert, ob sich das Granola nicht auch einfach in der Pfanne zubereiten lässt. Und siehe da: Ein neues Lieblingsrezept war geboren! Das Granola in der Pfanne zuzubereiten, hat den Vorteil, dass es in 10 Minuten fertig ist. So könnt ihr es auch spontan backen und – das ist das Beste daran – noch warm genießen. Mir schmeckt es am besten auf pflanzlichem Joghurt, als Topping für Smoothies oder nur mit Hafermilch.

FÜR 3–4 PORTIONEN

2 EL Sonnenblumenöl
100 g Haferflocken
30 g Kürbiskerne
30 g Sonnenblumenkerne
50 g Walnüsse, gehackt
1 ½ TL Zimt
1 Prise Salz
1 ½ EL Birnendicksaft

In einer Pfanne das Öl erhitzen und alle weiteren Zutaten darin auf mittlerer Hitze knusprig rösten. Stetig umrühren, sodass nichts anbrennt. Nach 10 Minuten vom Herd nehmen und auskühlen lassen.

Mit veganem Joghurt servieren. Das Granola schmeckt auch wunderbar mit selbst gemachter Hafermilch oder als Topping für Smoothie Bowls.

TIPP Das Pfannen-Granola schmeckt frisch am besten. Ihr könnt es auch aber auch auf Vorrat herstellen und in Gläsern luftdicht etwa 2 Wochen aufbewahren.

Zuckeralternativen: Teuer und schlecht für die Umwelt

Das Granola wird, wie die meisten Rezepte in diesem Buch, mit Birnendicksaft gesüßt – ihr könnt stattdessen auch Apfeldicksaft oder Zuckerrübensirup nehmen. Sie stammen alle aus regionaler Produktion und haben damit einen viel kleineren ökologischen Fußabdruck als die beliebten Zuckeralternativen Ahornsirup, Agavendicksaft, Kokosblüten- und Reissirup aus Übersee. Auch Birkenzucker (Xylit) ist nicht zwingend ökologischer. Er wird oft aus gentechnisch verändertem Mais hergestellt, und bis er zum Zuckerersatz wird, ist ein hoher Energieaufwand nötig. Ähnlich sieht es bei Stevia aus, bei welcher der hohe Aufwand für die Extraktion der Stevia-Glykoside aus den Blättern negativ zu Buche schlägt.

All die genannten Zuckerersatzprodukte sind nicht nur viel teurer, sondern auch nicht unbedingt gesünder als normaler Haushaltszucker. Bei jeglichem Zucker kommt es vor allem darauf an, ganz grundsätzlich weniger zu süßen. Das hilft der eigenen Gesundheit am meisten. Umweltbewusste Diabetikerinnen und Diabetiker süßen am besten mit Erythrit aus heimischem Mais mit Bio-Siegel.

Kimchi

Während meines Studiums verbrachte ich ein Semester in Berlin, dem Paradies für alle Feinschmeckerinnen. Fast jeden Abend testete ich ein neues Restaurant. Vor allem die asiatische Küche hat es mir angetan. Seither versuche ich, viele dieser Gerichte zu veganisieren und mit rein lokalen Zutaten nachzukochen. Besonders lecker schmeckt mein Rezept für hausgemachtes Kimchi – Koreas Nationalgericht.

FÜR 2 SCHRAUBGLÄSER À 450 ML

1 ½ kg Chinakohl
50 g Salz
3 EL Mehl
150 ml kaltes Wasser
3 EL Rohrzucker
1 Karotte
3 Frühlingszwiebeln
7 Knoblauchzehen
3 cm Ingwer, frisch
60 g Chiliflocken
30 g Paprikapulver, edelsüß
1 Apfel, saure Sorte

Den Chinakohl in mundgerechte Vierecke schneiden. Gut unter kaltem Wasser waschen, abtropfen lassen und mit dem Salz in einer Schüssel vermengen. Mit einem Teller bedeckt mindestens 2 Stunden stehen lassen, bis der Kohl weich ist.

In der Zwischenzeit Mehl, Wasser und Zucker zu einer klebrigen Paste aufkochen und eindicken lassen. Gut abkühlen lassen. Die Karotte und die Frühlingszwiebeln längs in feine Streifen schneiden.

Im Mixer die ausgekühlte Mehlmasse mit Knoblauch, Ingwer, Chiliflocken, Paprikapulver und dem entkernten Apfel pürieren, bis eine Paste entsteht.

Den Chinakohl gut abwaschen und trocknen. Anschließend mit der gemixten Paste vermengen. Das geht am besten mit sauberen Händen. Danach das Kimchi in ausgekochte Schraubgläser abfüllen und im Glas gut nach unten drücken. Die Gläser nicht bis ganz oben füllen, da durch die Fermentation ein Druck im Glas entsteht. Das Kimchi 3 Tage bei Raumtemperatur stehen lassen, danach im Kühlschrank aufbewahren. So ist es mehrere Wochen haltbar.

Fermentation: Nur ein Trend oder wirklich so gesund?

Lebensmittel zu fermentieren ist nichts Neues – auch wenn der aktuelle Trend uns das gerne nahelegen möchte. Überall auf der Welt fermentieren Menschen seit Jahrtausenden Lebensmittel und machen sie dadurch haltbar. Manche Zutaten, wie etwa der Maniok, der in afrikanischen Ländern gerne gegessen wird, wird sogar erst durch die Fermentation genießbar; roh enthält er giftige Blausäure. Fermentieren bringt grundsätzlich immer Vorteile mit sich: Es macht rohe Lebensmittel länger haltbar, bekömmlicher und verleiht ihnen einen besonderen Geschmack.

Brötchen mit Kernen und Samen

Als Kind wurde ich jeden Sonntag vom Duft von frisch gebackenem Hefezopf geweckt. Meine Mama war zwar nie eine begnadete Köchin, aber Brot backen konnte sie wie keine andere. Bis heute flechte ich Hefeteig leider nicht annähernd so schön wie sie. Darum forme ich aus dem luftigen Teig lieber Brötchen. Die schmecken genauso gut, lassen sich wunderbar in Portionen einfrieren und am Wochenende für den ausgiebigen Brunch auftauen und aufbacken.

FÜR 8 BRÖTCHEN

550 g helles Dinkelmehl
1 ½ TL Salz
1 Würfel Hefe (42 g)
1 TL Rohrzucker
50 g Margarine
300 ml Hafermilch

5 EL Hafermilch zum Bestreichen
¼ TL Kurkuma
½ TL Birnendicksaft
2 EL gemischte Kerne und Samen (z. B. Sonnenblumenkerne, Mohn, Kürbiskerne, Hanfsamen)

Mehl und Salz in einer Schüssel mischen. Die Hefe zerbröckeln, mit dem Zucker verrühren und zur Mehlmischung geben. Die Margarine in einem kleinen Topf schmelzen und die Hafermilch beifügen. Ebenfalls zur Mehlmischung in die Schüssel geben und unterheben. Alles zu einem weichen und glatten Teig kneten. Den Teig mit einem feuchten Tuch abgedeckt an einem warmen Platz gehen lassen (ungefähr 2 Stunden).

Dann den Teig in acht Portionen aufteilen und zu Strängen rollen. Die einzelnen Stränge verknoten und zu Brötchen formen. Auf ein Backblech setzen. Die Brötchen mit einer Mischung aus wenig Hafermilch, Kurkuma und Birnendicksaft bestreichen und mit Kernen und Samen verzieren. Nochmals 30 Minuten aufgehen lassen.

Die Brötchen im vorgeheizten Ofen bei 200 Grad Umluft ungefähr 20 Minuten goldbraun backen. Auf einem Gitter auskühlen lassen.

TIPP Für Hefeteig ist es wichtig, dass die Hafermilch nicht zu heiß ist, wenn sie mit der Hefe zusammengeführt wird; sonst geht der Teig nicht schön auf.

Haferbrot ohne Gluten

Immer mehr Menschen leiden unter einer Gluten-unverträglichkeit oder einer Weizenallergie. Auch ich vertrage Brot mit Dinkel nur in kleinen Mengen. Weil glutenfreies Brot aus dem Super-markt oft eine lange Liste an künstlichen Zusatz-stoffen und Aromen aufweist, backe ich inzwischen am liebsten mein eigenes Haferbrot. Und das hat es wirklich in sich: Mit all den Körnern ist es ein richtiges Powerbrot, das bei uns beispielsweise auf Wanderungen nicht mehr fehlen darf.

Macht Weizen wirklich krank?
Dass heutzutage so viele Menschen kein Brot mehr vertragen, liegt oftmals weniger am Wei-zen selbst, sondern mehr an der Teigherstellung. Eine natürliche Fermentierung findet heute aus Zeit-gründen kaum mehr statt. Das schnelle Industrie-brot wird in Rekordzeit verarbeitet, und künstliche Zusätze beschleunigen das Aufgehen des Teiges. Doch: Gerade dadurch, dass der Teig ausreichend lange »gehen« darf, werden die Bestandteile im Getreide bekömmlicher.

FÜR 1 BROT (KASTENFORM VON 20–25 CM LÄNGE)

320 g glutenfreie Haferflocken
100 g Kürbiskerne
60 g Sonnenblumenkerne
80 g gemahlene Leinsamen
1 ½ TL Salz
550 ml kaltes Wasser

Alle Zutaten in eine Schüssel geben und mit einem Löffel gut verrühren. Die klebrige Masse mit den Händen kneten (sie ergibt keinen homogenen Teig).

Den Brotteig in die mit Backpapier ausgelegte Kastenform (ich öle die Form zusätzlich noch ein) geben und zugedeckt bei Raumtemperatur mindes-tens 2 Stunden gehen lassen.

Dann die Oberfläche des Brotteigs mit etwas Wasser bestreichen und das Brot im nicht vorgeheiz-ten Ofen bei 200 Grad 75 Minuten backen.

Sauerteig-Kultur

Hausgemachter Sauerteig ist keine große Hexerei. Für seine Zubereitung braucht es lediglich zwei Zutaten: Wasser und Mehl. Und vielleicht etwas Geduld und Planung. Denn um selbst Sauerteigbrot oder Sauerteigpizza herzustellen, müssen wir erst unsere eigene Starterkultur züchten. Das funktioniert sowohl mit Weizen- als auch mit hellem Dinkel- oder reinem Roggenmehl. Das Prinzip und die Mischverhältnisse bleiben sich bei jedem Mehl gleich. Für den Ansatz benötigen wird insgesamt 100 g Mehl und 100 g Wasser.

TIPP Damit ihr nicht jedes Mal einen neuen Sauerteigansatz herstellen müsst, bewahrt ihr immer ein wenig davon für den nächsten Backtag auf. Dieser kleine Rest wird weiter gefüttert und gepflegt. Die Mikroorganismen fühlen sich in einer warmen Umgebung am wohlsten. Lagert den Sauerteigansatz also bei Raumtemperatur und füttert ihn täglich weiter, wie beschrieben. Backt ihr nicht sehr oft, könnt ihr die Starterkultur auch in den Kühlschrank stellen. Dass die Starterkultur schäumt, ist übrigens kein Grund zur Sorge. Im Gegenteil: Das spricht für eine sehr gesunde Bakterienkultur.

FÜR 1 STARTERKULTUR

TAG 1 Am ersten Tag werden 25 g Mehl und 25 g Wasser vermengt und in ein Glas gegeben. Die Mischung wird mit einem Tuch abgedeckt 24 Stunden bei Raumtemperatur stehen gelassen. Die Temperatur ist entscheidend dafür, dass die Bakterien ihre Arbeit tun und damit der Gärprozess stattfinden kann.

TAG 2 Der Mischung vom ersten Tag werden erneut 25 g Weizenmehl und 25 g Wasser hinzugefügt. Alles gut vermengen und erneut unter den gleichen Bedingungen ruhen lassen.

BIS ZUM TAG 5 In den folgenden Tagen wird der vorherige Schritt wiederholt, bis ab dem 4. Tag 100 g Mehl und 100 g Wasser im Glas sind. Wichtig ist, dass der Teig während des ganzen Prozesses immer gut abgedeckt wird, da sonst Flüssigkeit verdunstet. Am 5. Tag ist die Starterkultur dann bereit für den Einsatz.

Echtes Sauerteigbrot

Sauerteigbrot war für mich eine wahre Offenbarung. Durch die lange Gärung des Teigs ist ein solches Brot viel bekömmlicher. Die Mikroorganismen bauen Schadstoffe im Mehl ab, die sonst oft Blähungen und Unwohlsein zur Folge haben. Außerdem wird das Brot aromatischer und erhält eine angenehme Säure. Herstellen könnt ihr das Brot ohne Hefe und mit fast jedem Mehl.

FÜR 1 KG BROT

Ca. 200 g Sauerteigkultur (Seite 48)
300 ml Wasser
200 g Roggenmehl
500 g helles Dinkelmehl
2 TL Salz

Den Sauerteigansatz in einer großen Schüssel mit dem Wasser und der Hälfte des Roggenmehls verrühren. Die Schüssel mit einem feuchten Küchentuch bedecken und bei Zimmertemperatur 1–2 Stunden ruhen lassen.

Das restliche Mehl und das Salz beigeben und alles zu einem glatten Teig kneten. Am besten über Nacht auf das Doppelte aufgehen lassen. Den Teig auf wenig Mehl nochmals gut durchkneten und zu einem Laib formen.

In ein bemehltes Gärkörbchen oder alternativ in eine eingeölte Cakeform geben. Mit einem Tuch bedecken und nochmals 1–2 Stunden aufgehen lassen. Den Backofen auf 200 Grad vorheizen. Den Teigling auf ein Backblech stürzen. In der Ofenmitte 40–45 Minuten backen.

Walnuss-Parmesan

Wenn ich an meine Lieblingsgerichte der Kindheit zurückdenke, standen Teigwaren mit Parmesan – oder »Nüdeli«, wie mein Bruder und ich es nannten – ganz hoch im Kurs. Auch heute mag ich es noch, eine Art Streukäse über italienische Gerichte zu geben. Mit diesem Nuss-Parmesan habe ich die perfekte Alternative gefunden. In vielen pflanzlichen Rezepten wird mit Cashews gearbeitet. Aus ökologischen Gründen greife ich lieber auf die heimischen Baumnüsse zurück. Schade eigentlich, dass ich nicht früher darauf gekommen bin, Walnuss-Parmesan herzustellen. Bei uns im Garten stand nämlich ein wunderschöner Nussbaum.

Parmesan ist nicht vegetarisch

Dass Parmesan für Veganer und Veganerinnen nicht geeignet ist, ist klar – denn der Käse wird aus tierischer Milch hergestellt. Was jedoch nicht allen bewusst ist: Parmesan ist nicht einmal vegetarisch. Das betrifft sowohl »Parmigiano« als auch »Grana Padano« – wie auch einige andere beliebte Käsesorten. Tierisches Lab, das für die Gerinnung der Käsemasse benötigt wird, kann nur von toten Tieren gewonnen werden, indem die Enzyme aus den Mägen der Wiederkäuer mit einer speziellen Lösung extrahiert werden. Diese Inhaltsstoffe toter Tiere stecken am Ende auch im Käse. Die Kälber, Schafe und Ziegen werden zwar nicht extra für das Lab getötet. Es werden die Mägen von Tieren verwendet, die für die Fleischproduktion geschlachtet werden. Trotzdem unterstützt man durch den Kauf von Parmesan und anderem Hartkäse damit indirekt die Fleischindustrie.

FÜR 1 GLAS

150 g Walnüsse
5 EL Hefeflocken
1 TL Knoblauchpulver
½ TL Paprikapulver, edelsüß
2 EL Olivenöl
Salz und Pfeffer

Die Walnüsse im Standmixer mahlen und mit den restlichen Zutaten in eine Schüssel geben. Gut umrühren und in einem luftdichten Glas im Kühlschrank aufbewahren. Die Mischung ist 2 Wochen haltbar.

TIPP Wer es noch käsiger mag, verwendet Olivenöl mit Trüffelgeschmack.

Aufschäumbare Hafermilch

Wenn ich ein Importprodukt nennen müsste, auf das ich nicht verzichten möchte, wäre es definitiv Kaffee. Am liebsten trinke ich ihn mit aufgeschäumter Hafermilch. Diese gibt es inzwischen in fast jedem Supermarkt zu kaufen. Um zusätzlichen Abfall zu sparen, könnt ihr eure »Barista«-Milch aber auch ganz einfach selbst herstellen.

FÜR 1 LITER

80 g Haferkörner (oder -flocken)
1 EL Sonnenblumenöl
1 l kaltes Wasser
2 TL Birnendicksaft
1 Prise Salz
1 TL Lecithin (aus Sonnenblumen oder Soja,
  in Drogerien und gut sortierten Bioläden erhältlich)

Die Haferkörner über Nacht einweichen, abtropfen lassen und gut mit frischem Wasser abspülen. (Wenn es schnell gehen muss, Haferflocken verwenden; dann entfällt die Einweichzeit.)

Die Körner oder Flocken mit den übrigen Zutaten im Hochleistungsmixer mixen und das Ganze durch einen Nussmilchbeutel oder ein feines, sauberes Geschirrtuch drücken. Die Hafermilch in eine Glasflasche füllen und im Kühlschrank aufbewahren. Innerhalb von 2 Tagen genießen.

Hafer- versus Kuhmilch:
Ein Vergleich der Ökobilanz
Hafermilch wirkt sich im Vergleich zu Kuhmilch um rund 70 Prozent weniger auf das Klima aus. Auch verbraucht Hafer in der Herstellung im Vergleich dazu nur 40 Prozent der Energie. Besonders beachtenswert ist auch, dass die Landnutzung um fast 80 Prozent geringer ausfällt.

Cremige Hafersahne

Noch viel einfacher als hausgemachte Hafermilch ist selbst gemachte Hafersahne. Ich verwende sie gerne zum Kochen und Backen und auch zum Andicken von Saucen und Eintöpfen. Aufschlagen lässt sie sich leider nicht. Dennoch möchte ich sie nicht mehr missen. Gerade herzhaften Gerichten verleiht Hafersahne oft die sonst fehlende cremige Konsistenz.

FÜR 400 ML

550 ml Wasser
100 g Haferflocken
1 EL Raps- oder Walnussöl
1 Prise Salz

Welche vegane Sahne lässt sich aufschlagen?
Es gibt inzwischen eine große Auswahl an veganen Sahnesorten und auch solche, die sich für Desserts aufschlagen lassen. Kritisch an den fertigen Sahne-Ersatzprodukten ist der Einsatz von Palm- und Kokosfett: Ihre Produktion ist oft mit negativen ökologischen Folgen verbunden. Wenn ihr dennoch ab und an auf solche Produkte zurückgreifen möchtet, achtet möglichst darauf, dass sie aus nachhaltig zertifiziertem Anbau stammen.

Das Wasser aufkochen und die Hälfte davon mit den Haferflocken im Mixer vermengen. 5 Minuten quellen lassen. Dann die restlichen Zutaten dazugeben und nochmals mixen. Erneut 5 Minuten quellen lassen. Dann die Sahne durch ein Mulltuch oder einen Nussmilchbeutel abgießen, das Tuch gut ausdrücken.

Pflanzlicher Joghurt über Nacht

Inzwischen gibt es im Kühlregal eine große Auswahl an pflanzlichen Joghurtprodukten. Dennoch lohnt es sich, Joghurt auch einmal selbst herzustellen, dies insbesondere, um die unnötigen Plastikbecher einzusparen. Und die Joghurtherstellung ist viel einfacher als gedacht.

Kuhmilch-Joghurt im Glas oder Sojajoghurt im Plastikbecher?

Generell ist der CO2-Fußabdruck von Glas pro Gramm geringer als der von Plastik. Das Problem: Glas ist wesentlich schwerer. Dementsprechend verbraucht der Transport mehr Energie. Glas ergibt außerdem nur dann Sinn, wenn es wiederverwendet wird. Ganz abgesehen von der Verpackungsproblematik, die von Fall zu Fall neu beurteilt werden muss, kann gesagt werden, dass Sojajoghurt so oder so umweltfreundlicher ist. Denn: Das Lebensmittel, das in der Verpackung steckt, bringt selbst einen viel größeren ökologischen Fußabdruck mit, als die Verpackung, die es schützt. Am besten fährt also, wer pflanzlichen Joghurt selbst herstellt. Die zweitbeste Variante wäre, pflanzlichen Joghurt im Becher zu kaufen und die Verpackung korrekt zu recyceln.

FÜR 500 G JOGHURT

500 ml zuckerfreie Sojamilch
3 probiotische Kapseln, vegan

Die Sojamilch in einem Topf auf 40 Grad erwärmen. Am besten kurz den Finger in die Milch halten, sie darf nur etwas mehr als Körpertemperatur haben. Dann den Inhalt der probiotischen Kapseln darunterheben. Alternativ kann man auch 3 EL gekauften veganen Joghurt verwenden, um die Milch zu impfen.

Die Mischung auf Schraubgläser verteilen und diese nicht bis ganz oben füllen. Die Gläser verschließen und bei 40 Grad über Nacht oder mindestens 12 Stunden in den Backofen stellen.

Keine Sorge: Um diese Temperatur zu erreichen, reicht es meistens völlig aus, einfach das Licht im Ofen anzuschalten, so wird keine unnötige Energie verschwendet.

Am nächsten Morgen sollte der Joghurt stichfest sein. Dann im Kühlschrank lagern und innerhalb von 5 Tagen aufbrauchen.

ZERO-WASTE-TIPP Hafermilch eignet sich nicht für die Joghurtproduktion. Wer Joghurt ganz ohne Müll von Grund auf selbst herstellen möchte, kann unverpackte heimische Sojabohnen kaufen, daraus Milch herstellen und aus dieser anschließend Joghurt produzieren.

Mus aus Nüssen oder Kernen

Cremiges Mus muss nicht immer aus Nüssen bestehen – Sonnenblumenkerne, Kürbiskerne oder Hanfsamen funktionieren auch wunderbar und schmecken total lecker. Noch dazu sind die beiden Sorten Kerne regional zu bekommen und daher nachhaltiger als die beliebten Nussmuse aus Cashews, Mandeln oder Erdnüssen. Wer trotzdem ein Mus aus Nüssen machen möchte, kann auch auf Wal- oder Haselnüsse zurückgreifen. Die gibt es beide auch aus heimischer Produktion zu kaufen – oder gar zu sammeln!

Haselnuss – die Gewinnerin aller Nüsse
Wusstet ihr, dass die heimische Haselnuss, gemessen an ihrer Kaloriendichte, den mit Abstand kleinsten ökologischen Fußabdruck hat? Das heißt vereinfacht gesagt: Kein anderes regionales Lebensmittel liefert so viel Energie bei vergleichsweise geringer CO_2-Bilanz.

FÜR 1 GLAS

300 g Kerne oder Nüsse nach Wahl
1 Prise Salz

Optional
Birnendicksaft zum Süßen
Zimt oder Kakao zum Verfeinern

Für die Herstellung von Nuss- bzw. Samenmus ist ein leistungsstarker Mixer erforderlich.

Die Kerne oder Nüsse auf einem Blech verteilen und im Ofen bei 190 Grad etwa 10 Minuten rösten, bis sie leicht Farbe annehmen. Unbedingt dabei bleiben, damit nichts anbrennt oder zu dunkel wird.

Die gerösteten Kerne oder Nüsse zusammen mit Salz und den optionalen Zutaten im Hochleistungsmixer zu einem Mus mixen. Das kann einige Minuten dauern.

Das Mus schmeckt total lecker zu Karottensticks oder einfach auf dem Brot. Außerdem ist Nussmus toll, um diverse Saucen zu verfeinern.

Leinsamen-Ei

FÜR 1 VEGANES EI

1 EL Leinsamenmehl
4 EL warmes Wasser

Um Eier für Kuchen oder Pfannkuchen zu ersetzen, eignen sich geschrotete Leinsamen am besten. Wichtig ist, die Samen nicht schon geschrotet zu kaufen. Dem Schrot wurde dann nämlich das Wichtigste entzogen: das wertvölle Öl. Ich schrote meine ganzen Leinsamen darum selbst – entweder im Hochleistungsmixer oder notfalls mit dem Mörser. Zusammen mit der richtigen Menge an Wasser ergibt der Schrot den perfekten Ei-Ersatz, der zudem voller gesunder essenzieller Fettsäuren ist.

Beides zusammen verrühren und 10 Minuten quellen lassen. Anschließend kann das Ei sofort zum Einsatz kommen.

TIPP Um mir Arbeit zu sparen, stelle ich zu Beginn der Woche immer gleich mehrere Portionen Ei her und lagere sie in einem Glas mit Deckel im Kühlschrank.

Leinsamen versus Chiasamen: Was sind die Unterschiede?

Die langkettigen, mehrfach ungesättigten Omega-3-Fettsäuren sind vor allem für unser Gehirn und die Nervenzellen wichtig. In einer rein pflanzlichen Ernährung sollte besonders darauf geachtet werden, genügend solcher Fettsäuren in den Speiseplan zu integrieren. Chia- und Leinsamen sind dafür eine gute Quelle, und aus beiden lässt sich ein Ei-Ersatz herstellen. Während die exotische Variante einen höheren Vitamin A- und Kalziumgehalt hat, sind die heimischen Leinsamen reicher an Kalium und Vitamin E. Der Gehalt an Magnesium, Eisen und Zink weist bei beiden lediglich minimale Unterschiede auf. In Sachen Nährstoffversorgung hat die heimische Alternative also genau soviel zu bieten. Klar ist aber vor allem, dass Leinsamen in Sachen Umwelt die bessere Entscheidung ist.

BESSER ALS GEKAUFT

Kräutersalz mit Rosmarin und Knoblauch

Dieses Rezept ist genau genommen gar nicht mein eigenes. Mein Onkel Martin hat dieses unfassbar leckere und einfache Gewürzsalz im Sommer mit mir zubereitet, und seither musste ich es schon zig-mal neu zubereiten, weil es fast jedem mediterranen Gericht das gewisse Etwas verleiht. Wer Rosmarin nicht mag, kann problemlos auch andere Gewürzkräuter wie Thymian oder Salbei verwenden.

FÜR 1 GLAS

10 Zweige Rosmarin
5 Knoblauchzehen
5 EL Olivenöl
500 g grobes Salz
1 Zitrone, Abrieb und Saft

Den Rosmarin und den Knoblauch fein hacken. Beides in einer Pfanne im Olivenöl anbraten. Das Salz dazugeben und gut umrühren. Nach 2 Minuten Zitronenabrieb und -saft dazugeben und den Herd ausschalten.
Das Salz in Gläser abfüllen.

Fleur de Sel, Meersalz oder doch besser Steinsalz?

Unser Körper braucht Salz. Welches davon wir wählen, spielt chemisch gesehen fast keine Rolle. Kein Salz ist gesünder als ein anderes, vielmehr kommt es auf die Menge pro Tag an, die wir davon konsumieren. Worauf ihr allerdings achten könnt, ist die Herkunft des Produkts. Auch hier gilt: Je regionaler, desto besser. Kommt Meersalz nicht gerade aus dem Nachbarland, ist bei uns Salz aus den Alpen die bessere Wahl. Exotische Trendsalze aus aller Welt ergeben keinen Sinn, weder für die Gesundheit, noch für die Umwelt.

Würzige Gemüsebrühe

ZERO WASTE
GANZJÄHRIG
100% REGIONAL
GLUTENFREI
UNTER 30 MINUTEN

FÜR 1 GLAS

Wenn ich eines bereue, dann, dass ich nicht viel eher darauf gekommen bin, Gemüsebrühepulver selbst herzustellen. Denn es ist viel einfacher als gedacht. Alles, was ihr dafür braucht, ist ein halbes Kilo Gemüse eurer Wahl und Salz. Und das Schöne daran: Ihr wisst ganz genau, was am Ende drin ist – keine unnötigen Aromen, Füll- und Farbstoffe. Und erst recht kein Palmöl oder Zucker. Den Unterschied schmeckt ihr in jedem Gericht, das mit der hausgemachten Brühe gewürzt wird – versprochen!

500 g Gemüse nach Wahl
100 g Salz

Welches Gemüse ihr nehmt, bleibt euch überlassen. Ich verwende am liebsten Lauch, Karotten, Petersilie und Knollensellerie. Lecker schmeckt die Brühe auch, wenn noch ein wenig Knoblauch und Ingwer hineinkommt.

Also: Einfach Gemüse der Wahl waschen, klein schneiden und im Küchenmixer oder mit dem Pürierstab ganz feinkörnig hacken. Das Salz dazugeben, gut umrühren – fertig ist das Gemüsebrühepulver. In sauberen Schraubgläsern hält es sich im Kühlschrank über mehrere Monate.

Palmöl hat viele Namen
Pflanzenfett, Pflanzenöl oder Palmkern:
Da immer mehr Menschen auf Produkte mit Palmöl
verzichten möchten, versuchen viele Hersteller,
das Öl anders zu umschreiben. So kann es passieren,
dass wir Produkte mit Palmöl kaufen, ohne es zu
merken. Wer Dinge wie Gemüsebrühe selbst herstellt,
ist auf der sicheren Seite.

FRÜHSTÜCK

Dieses Kapitel beginnt mit einem Geständnis: Ich mag eigentlich gar kein Frühstück. Zumindest nicht in der Früh. Das war schon immer so. Ich erinnere mich noch gut, wie mir in meiner Kindheit meine Mama wenigstens eine heiße Schokolade einzuflößen versuchte, bevor ich mich auf den Weg in die Schule machte. Ganz ohne Wirkung war dieser Kompromiss nicht: Denn das Heißgetränk habe ich bis heute beibehalten. Wenn ich wie gewöhnlich morgens um sechs Uhr aufstehe, ist das Einzige, was dann in meinem Magen wandert, eine gute Tasse Kaffee mit Hafermilch. Erst nach einer Runde Sport oder einem Spaziergang an der frischen Luft meldet sich dann irgendwann auch bei mir der Hunger. Fehlen dürfen Rezepte für ein leckeres Frühstück darum also nicht. Ganz im Gegenteil: Ich könnte auch abends problemlos Frühstücksgerichte essen (und mache das auch gerne ab und an), und der Brunch am Wochenende ist mir heilig.

An wärmeren Tagen liebe ich kalte Smoothie Bowls mit hausgemachtem Granola und frischen Früchten. In der kälteren Jahreszeit bevorzuge ich eher ein wärmendes Porridge, am liebsten mit Kürbis und Lebkuchengewürz. Für den ausgiebigen Brunch am Wochenende darf es gerne auch ganz klassisch schweizerisch sein, mit Birchermüesli, frischen Hefeteig-Brötchen und Tofu-Rührei. Wobei »klassisch« eigentlich das falsche Wort ist. Denn vieles von dem, was in der Schweiz normalerweise auf dem Frühstücksteller landet, ist tierischen Ursprungs, weshalb ich all diese Rezepte neu interpretiert habe – mit rein pflanzlichen Zutaten. Es lohnt sich, diese neuen Klassiker einfach mal auszuprobieren. Inzwischen haben sich nämlich genau diese Gerichte zu echten Lieblingsrezepten von Freunden und Familie gemausert.

Birchermüesli mit Omega-3

Ein richtiges Müesli ist der Schweizer Klassiker schlechthin auf dem Frühstückstisch. Ich mag es so sehr, dass ich Birchermüesli getrost auch mal als leichtes Mittagessen zubereite. Das Schöne an diesem Rezept: Ihr könnt es ganz nach eurem Geschmack abändern. Ich packe beispielsweise gerne eine kleine Zucchini mit rein, um schon morgens etwas Gemüse auf den Speiseplan zu bringen. Auch nicht fehlen darf ein Esslöffel Leinöl für extra Omega-3-Fettsäuren. Die sind – genau wie Walnüsse – gut für das Gehirn.

FÜR 2 PORTIONEN

1 kleine Zucchini
1 Apfel
1 Prise Zimt
1–2 TL Birnendicksaft
1 großer Schluck Hafermilch
½ Zitrone, Abrieb und Saft
50 g Buchweizen
70 g Haferflocken
30 g Hanfsamen
30 g Walnüsse, gehackt
120 g gefrorene Blaubeeren
1 Handvoll Rosinen
1 EL Leinöl
300 g veganer Joghurt

Buchweizen selbst keimen

Buchweizen kann man roh essen. Besser bekömmlich und noch nährstoffdichter wird er aber, wenn er gekeimt wird. Dafür müsst ihr ihn zuerst 15 Minuten in Wasser einweichen. Anschließend gießt ihr das Wasser ab und lasst ihn im Glas zwei Tage bei Raumtemperatur keimen. Während dieser Zeit spült ihr den Buchweizen zweimal am Tag durch, am besten in einem Sieb.

Die Zucchini und den Apfel auf einer Reibe fein reiben und mit den restlichen Zutaten in einer Schüssel gut verrühren.

Das Birchermüsli sofort essen oder am Vorabend für den folgenden Tag vorbereiten. In diesem Fall etwas mehr Hafermilch hinzufügen, da die Flocken und der Buchweizen ihm noch Flüssigkeit entziehen.

Tofu-Rührei mit Gemüse und Pilzen

Was bei einem Brunch nie fehlen darf, ist Tofu-Rührei – auch bekannt als »Scrambled Tofu«. Das Schöne an diesem Rezept ist, dass es sich je nach Saison fast beliebig abwandeln lässt. Besonders gut passen Pilze, Paprika (Peperoni) und Tomaten, in den Wintermonaten tut es aber auch grünes Blattgemüse. Mein Tipp: Frische Petersilie fein hacken und einfrieren. Dann habt ihr auch in der kalten Jahreszeit erntefrische Kräuter zur Hand, die jedes Gericht verfeinern.

FÜR 2 PORTIONEN

8 mittelgroße Champignons
1 EL Sonnenblumenöl
½ TL Kräutersalz (Seite 60)
etwas Pfeffer
1 Frühlingszwiebel
⅓ Paprika
10 Datteltomaten
200 g Tofu, abgetropft
¼ TL Kurkumapulver
½ TL Paprikapulver
50 ml Hafermilch (Seite 52)
5 Zweige frische Petersilie, gehackt
optional: ½ TL Kala Namak (siehe Tipp)

Die Champignons in Streifen schneiden. In einer beschichteten Pfanne das Öl erhitzen und die Pilze darin goldbraun anbraten. Vom Herd nehmen, mit Kräutersalz und Pfeffer abschmecken und auf einem Teller beiseitestellen.

Die Frühlingszwiebel fein schneiden, die Paprika würfeln, die Tomaten halbieren. Den Tofu mit den Händen bröselartig zerkrümeln. Zusammen mit Zwiebel, Paprika und Tomaten in derselben Pfanne anbraten. Sobald der Tofu leicht braun wird, die Gewürze dazugeben und mit der Hafermilch ablöschen. Den Herd ausschalten und mit der Resthitze ein paar Minuten weiter köcheln lassen. Mit Salz, Pfeffer und frischer, gehackter Petersilie abschmecken. Optional das Tofu-Rührei für einen authentischen Eier-Geschmack mit Kala Namak würzen.

TIPP Das Schwefelsalz Kala Namak gibt es inzwischen in jedem größeren Supermarkt.

Sauerteigbrot mit Erbsen-Mole

Wer auf Instagram nach Avocado-Toast sucht, bekommt mehr als 1,6 Millionen Beiträge angezeigt. Die regionalere heimische Alternative – Toast mit Erbsen-Mole – kann noch ein bisschen Werbung vertragen. Ich finde: Dieses Brot schmeckt genauso gut. Vor allem, weil das gute Gewissen mitisst.

FÜR 3–4 PORTIONEN

Für die Erbsen-Mole
150 g Erbsen, tiefgefroren, angetaut
Saft von ½ Zitrone
1 Schalotte
½ Knoblauchzehe
1 TL Salz
etwas Cayennepfeffer
7 EL Hafermilch
1–2 Zweige frische Petersilie

2 Champignons
5 Datteltomaten
2 EL Olivenöl
1 Schuss dunkler Balsamico
3–4 Scheiben Brot

Alle Zutaten für die Erbsen-Mole im Mixer oder mit dem Pürierstab zu einem cremigen Dip verarbeiten.

Die Pilze in Scheiben schneiden, die Datteltomaten vierteln und beides in einer Pfanne im Olivenöl anbraten. Sobald beides goldbraun ist, mit einem Schuss Balsamico ablöschen und mit Salz abschmecken.

Mole, Pilze und Tomaten auf Sauerteigbrot (Seite 49) anrichten.

Avocado – die Unersättliche
Für den Avocadoanbau werden Pinienwälder abgeholzt, künstlicher Dünger und Pestizide verspritzt und sehr viel Wasser verschwendet: 135 Liter Wasser für eine einzige Avocado. Dazu kommt der lange Transportweg. Inzwischen ist das Avocadogeschäft derart lukrativ, dass in Südamerika die Bauern sogar ausgebeutet oder umgebracht werden. Sprich: Wer viel Avocado isst, schadet nicht nur der Umwelt, sondern im schlimmsten Fall auch noch Menschen. Wenn es doch einmal eine Avocado sein muss, empfehle ich euch, auf eine Bio-Frucht aus Spanien zurückzugreifen.

Luftige Mohn-pfannkuchen

Diese Pfannkuchen mit Mohn sind so luftig und lecker, dass ich sie jeden Tag essen könnte. Wusstet ihr, dass Mohn ganz viele wichtige Mineralien und auch Kalzium, Kalium und Eisen enthält? Mir schmecken die grauen Körner vor allem in Kombination mit einer zitronigen Note.

FÜR 2 PORTIONEN

200 g helles Dinkelmehl
2 TL Backpulver
1 Prise Salz
1 Zitrone, Abrieb
1 EL Mohn
300 ml Hafermilch
1 Leinsamen-Ei (Seite 59)
2 ½ EL Birnendicksaft
1 EL Apfelessig
4 EL Rapsöl

Alle trockenen Zutaten mit den flüssigen (außer dem Rapsöl) zu einem Teig vermengen.

In einer Pfanne in Rapsöl Pfannkuchen ausbacken, von jeder Seite etwa 30 Sekunden, dann vorsichtig wenden. Die Pfannkuchen im Ofen bei 100 Grad warm halten, bis der ganze Teig ausgebacken ist. Die Pfannkuchen mit Joghurt und/oder selbstgemachtem Granola servieren.

TIPP Für die glutenfreie Variante Haferflocken zu Mehl mahlen und statt dem Dinkelmehl verwenden. Die Pancakes werden dadurch weniger luftig, schmecken aber genauso gut.

Kürbis-Porridge

Die beste Zeit des Jahres ist für mich Ende Sommer, wenn es wieder die ersten lokalen Kürbisse gibt. Ich mag Kürbis sowohl herzhaft als auch süß. Besonders lecker schmeckt an einem kühlen Morgen ein Porridge mit Kürbispüree. Das Mus könnt ihr auch einfach als Brotaufstrich verwenden, unter Joghurt rühren oder für Gebäck wie Brownies oder Blondies verwenden.

FÜR 2 PORTIONEN

Für das Püree
400 g Kürbis (Oranger Knirps, Hokkaido oder Butternuss)
2 TL Zimt
1 Prise Kardamom
1 Prise Muskatnuss
1 Prise Nelkenpulver
3 EL Birnendicksaft
1 Prise Salz

Für den Porridge
100 g Haferflocken
400 ml Hafermilch
250 ml Wasser
1 TL Leinsamen
1 Prise Salz
1 TL Birnendicksaft

1 EL Kürbiskerne
5 EL Kürbispüree

Den Kürbis mitsamt Schale würfeln und im Ofen bei 200 Grad Umluft 25 Minuten backen. Anschließend mit der Schale und mit allen weiteren Zutaten mit dem Pürierstab mixen.

Für den Porridge die Haferflocken mit der Hafermilch und dem Wasser aufkochen, Leinsamen und Salz dazugeben und stetig umrühren. Den Birnendicksaft unterheben. Bei Bedarf Flüssigkeit nachgießen.

Die Kürbiskerne in einer trockenen Pfanne etwas anrösten. 3 EL Kürbispüree unter den Porridge mischen und das restliche Püree mit den gerösteten Kürbiskernen auf dem Porridge anrichten. Warm genießen.

Superfood-Smoothie ohne Exoten

Kein anderes Gericht in diesem Buch habe ich selbst so oft gegessen wie dieses. Smoothie Bowls mit »verstecktem« Gemüse sind für mich die beste Möglichkeit, mehr Grünzeug in meine Ernährung zu integrieren. Und das Tolle daran: Man schmeckt es gar nicht heraus. Gesundheitsgurus schwören auf die Açai-Beere. Ich verwende lieber Heidelbeeren, die heimische Alternative. Denn: In ihnen stecken sogar mehr Antioxidantien als im gehypten Superfood aus dem Dschungel.

Alle Zutaten im Standmixer zu einer cremigen, homogenen Masse mixen.

Mit Granola oder Müesli servieren. Schmeckt als gesundes Dessert oder zum Frühstück.

TIPP Im Sommer, wenn sie reif sind, möglichst viele Heidelbeeren einfrieren. Außerdem friere ich immer auch gleich eine große Portion Kürbis oder Süßkartoffeln ein. Dafür schneide ich sie in mundgerechte Stücke, backe diese im Ofen bei 200 Grad 20 Minuten und lasse sie anschließend auskühlen. Danach sind sie bereit für das Gefrierfach.

FÜR 1 GROSSE SCHALE

200 g Heidelbeeren, gefroren
2 Handvoll gebackene gefrorene Kürbis-
    oder Süßkartoffelwürfel (siehe Tipp)
1 Handvoll Grünkohl
250 g Seidentofu
1 Prise Zimt
2 EL Birnendicksaft
1 Zitrone, Abrieb
1 Schluck Hafermilch

Heidelbeeren versus Açai: Was ist gesünder?

Die exotische Açai-Beere stammt aus Südamerika. Von dort werden die Beeren per Schiff und Lastwagen an ihre Zieldestinationen verfrachtet, wo sie dann noch einige Tage in einem Lagerraum gekühlt werden, bis der perfekte Reifegrad erreicht ist. Bei diesem großen CO_2-Fußabdruck bleibt die Nachhaltigkeit auf der Strecke. Aufgrund der stetig steigenden Nachfrage nach Açai wird die Produktion in den Anbauländern ausgeweitet. Es entstehen Monokulturen, um den Markt mit möglichst viel Beeren versorgen zu können. Der Boden und die Biodiversität leiden unter den einseitig bewirtschafteten Feldern. Die gute Nachricht: Unsere heimische Heidelbeere ist mindestens so gesund wie die Açaibeere. Sie steht dem exotischen Superfood in nichts nach, weder bei den Vitaminen noch bei den Mineralstoffen.

Süßkartoffel-Toasties mit Notella

Tatsächlich bin ich eines der Kinder, die ohne die berühmte Nuss-Nougat-Creme groß geworden sind. Mein Freund Chris aber liebt nichts mehr als Schokolade auf seinem Brot, darum habe ich für ihn einen Aufstrich ausgetüftelt, der sich nun unter dem Namen Notella in eure Aufstrich-Auswahl im Kühlschrank einreihen will.

FÜR 6 TOASTIES

Für das Notella
400 g rohe Haselnüsse
85 g dunkle Schokolade (Fairtrade, mindestens 60 % Kakaoanteil)
5 EL Birnendicksaft
1 Prise Salz

Für die Süßkartoffel-Toasties
1 große Süßkartoffel
etwas Rapsöl
3 EL Notella

Für das Notella die Haselnüsse im Ofen bei 190 Grad Umluft 15 Minuten rösten. Die Nüsse abkühlen lassen, auf ein Baumwolltuch geben, das Tuch zusammenfalten und mit den Händen die Nüsse im Tuch durchkneten und reiben. Dadurch löst sich ein Großteil der feinen braunen Häutchen der Nüsse ab. Danach die Nüsse weitere 5 Minuten im Ofen rösten.

Die Nüsse im Hochleistungsmixer oder der Küchenmaschine (Blitzhacker) so lange mixen, bis ein homogenes Nussmus entsteht. Erst dann die Schokolade im Wasserbad schmelzen und zusammen mit den weiteren Zutaten zum Nussmus geben. Erneut mixen.

Die Süßkartoffel samt Schale in ½ cm dicke Scheiben schneiden und mit wenig Rapsöl bepinseln. Im Ofen bei 200 Grad etwa 15 Minuten backen, bis sie goldbraun und weich sind. Die gebackenen Süßkartoffelscheiben mit dem hausgemachten Notella bestreichen und noch warm genießen.

TIPP Die Schokolade kann alternativ auch durch 5–6 EL Kakaopulver ersetzt werden. Das Notella ist im Kühlschrank 3 Wochen haltbar.

Carrot-Cake-Müesli

Es gibt Tage, an denen ich bereits morgens ein großes Stück Kuchen essen könnte. Und es gibt Tage, an denen ich genau das mache. Wenn es aber eine gesündere Variante sein soll, dann ist dieses Müesli die perfekte Lösung. Denn unter uns: Das Ganze schmeckt genau so, als würdet ihr den Teig eines Karottenkuchens löffeln.

**FÜR 1 GROSSE SCHALE
ODER 2 KLEINERE PORTIONEN**

1 große Karotte
100 g Haferflocken, fein
50 g Buchweizen, gewässert, gekeimt (Seite 65)
1 Messerspitze Kardamom
1 Prise Nelkenpulver
½ TL Zimt
1 Prise Salz
2 Spritzer Zitronensaft
2 TL Leinöl
2 ½ EL Birnendicksaft
200 ml Hafermilch

Die Karotte fein reiben und mit den weiteren Zutaten in einer Schüssel verrühren. Über Nacht oder für mindestens eine Stunde im Kühlschrank zugedeckt quellen lassen.

Mit Toppings nach Wunsch servieren. Besonders gut passt veganer Joghurt und ein knuspriges hausgemachtes Granola.

TIPP Wenn das Müesli zu fest wird, vor dem Verzehr nochmals einen Schluck Hafermilch dazugeben.

Dinkel-Crêpes mit Bratapfel

Gibt es etwas Schmackhafteres als die Kombination aus Apfel und Zimt? Ja! Bratapfel mit hauchdünnen Pfannkuchen. Mehr gibt es dazu nicht zu sagen, außer: selbst ausprobieren und sich überzeugen lassen!

FÜR 4–5 STÜCK

Für die Crêpes
170 g Dinkelmehl
200 ml Hafermilch
2 EL Leinsamen-Eier (Seite 59)
1 Prise Salz
2 EL Rohrzucker
2 EL Sonnenblumenöl

2 kleine säuerliche Äpfel, gewürfelt
¾ TL Zimt
1 TL Birnendicksaft
1 Handvoll Rosinen

Für die Crêpes das Mehl mit der Hafermilch, den Leinsamen-Eiern, Salz und Zucker zu einem leicht flüssigen Teig schlagen. In einer vorgeheizten Pfanne das Öl erwärmen und darin nach und nach die Crêpes ausbacken; jeweils so lange backen, bis sie sich leicht wenden lassen. Die fertigen Crêpes im Ofen bei 100 Grad warm halten, bis alle fertig ausgebacken sind.

In einer separaten Pfanne die Apfelwürfel mit Zimt und Birnendicksaft in etwas Öl anbraten, dann die Rosinen dazugeben. Bei kleiner Hitze 15 Minuten einköcheln lassen. Die fertigen Crêpes mit der Apfelmischung füllen und eingerollt servieren.

TIPP Bei der ersten Crêpe zuerst eine kleinere Menge Teig in die Pfanne gießen, um zu sehen, ob die Konsistenz stimmt.

Äpfel außerhalb der Saison – lagern oder importieren?

In der Zeit, in der es keine Äpfel aus regionaler Produktion gibt, importieren Supermärkte die Früchte aus Argentinien oder gar aus Neuseeland. Das mag auf den ersten Blick verrückt und nicht sehr ökologisch klingen, doch auch die Lagerung der Äpfel aus der Region in speziellen Kühlhäusern ist sehr energieaufwendig und kann im Endeffekt sogar schlechter abschneiden als der weitgereiste Apfel. In dieser Zeit greife ich daher auf selbst gemachtes, eingefrorenes Apfelmus oder andere Früchte zurück. Äpfel gibt es aus heimischer Produktion von August bis Oktober und frühe Sorten schon im Mai, Juni oder Juli.

Grüner Smoothie ohne Banane

Es ist schon interessant, dass einige Importprodukte wie die Avocado völlig in Verruf geraten sind, während andere weit gereiste exotische Produkte – wie die Banane – selbstverständlich zu jedem Einkauf dazugehören. Auch ich kaufe ab und an Bananen, versuche sie aber in meinen Rezepten, wo immer es geht, zu ersetzen. Das funktioniert beispielsweise für Smoothies problemlos.

FÜR 2 PORTIONEN

1 große Süßkartoffel, gebacken und gefroren
  (siehe Seite 77)
1 Handvoll Spinat
½ Honigmelone (außerhalb der Saison
  mit Birnendicksaft süßen)
1 kleine reife Birne (oder Apfel)
6 Eiswürfel
5 Blätter frische Minze
½ Zitrone, Abrieb und Saft

Bananen aus den Kanaren

Auf den Kanarischen Inseln hat der Bananenanbau lange Tradition. Produziert wird aber vorwiegend für den spanischen Markt. Noch! Denn die Nachfrage nach weniger weit gereisten Früchten wird bei uns immer größer. So gibt es heute in einzelnen Supermärkten bereits Bio-Bananen aus den Kanaren. Punkten können diese Bananen mit einer besseren Ökobilanz, da die Transportwege viel kürzer ausfallen. Wer die Möglichkeit hat, sollte sie daher den Bananen aus Süd- und Zentralamerika vorziehen.

Alle Zutaten im Hochleistungsmixer zu einer cremigen Masse mixen. In kleinen Schalen servieren und nach Belieben mit frischen Früchten, Granola, Samen oder Nüssen dekorieren.

TIPP Wer keinen Hochleistungsmixer hat, kann zusätzlich etwas Pflanzenmilch oder Wasser dazugeben und alles zu einem Smoothie mixen, den man trinken statt löffeln kann.

Süßkartoffel-Hafer-Pancakes

Diese Pfannkuchen sind perfekt, wenn noch etwas gebackene oder gekochte Süßkartoffel vom Vorabend übrig geblieben ist. Das Rezept schmeckt auch toll mit Kürbis. Weil Hafer statt Mehl verwendet wird, sind diese Pancakes glutenfrei.

FÜR 2 PORTIONEN

3 EL Süßkartoffelpüree (siehe Tipp
  oder Rest gegarter Süßkartoffel)
125 g Hafermehl
300 ml Hafermilch
½ TL Backpulver
1 Prise Salz
1 ½ EL Rohrzucker

Das Süßkartoffelpüree zusammen mit allen weiteren Zutaten mit dem Handrührgerät verrühren, bis ein zäher Teig entsteht. Die Masse ist dickflüssiger als bei einem normalen Pfannkuchenteig.

Dann in einer Pfanne in etwas Öl zu Pancakes ausbacken, pro Seite ungefähr 3–4 Minuten.

Besonders lecker schmecken die Pfannkuchen mit einem Klecks Joghurt und karamellisierten Walnüssen.

TIPP Süßkartoffelpüree kann man gut auf Vorrat herstellen und einfrieren. Dazu die Süßkartoffeln geschält in mundgerechte Stücke schneiden und im Ofen bei 200 Grad Umluft 20 Minuten backen oder in einem Topf in etwas Wasser garen. Sobald die Stücke weich sind, im Mixer oder mit dem Pürierstab zusammen mit etwas Zimt, Nelkenpulver und Birnendicksaft zu einem Püree verarbeiten. Alternativ lässt sich auf dieselbe Weise auch ein Kürbispüree herstellen.

Immunstärkende Smoothie-Bowl

Dessert zum Frühstück? Dieser Smoothie schmeckt so himmlisch, dass er glatt auch als Nachtisch durchgehen könnte. Durch den gebackenen Kürbis und die luftige Konsistenz des Seidentofus entsteht eine luftige Creme, die immer schmeckt. Kurkuma und Ingwer sorgen dafür, dass diese Bowl das Immunsystem stärkt.

FÜR 2 PORTIONEN

4 EL Kürbispüree (Seite 211)
1 kleine Birne
1 TL Birnendicksaft
250 g Seidentofu
½ Zitrone, Abrieb
½ TL Zimt
½ cm Kurkuma, frisch gerieben,
   oder ½ TL Kurkumapulver, gemahlen
1 cm frischer Ingwer

Was macht Kurkuma so gesund?

Kurkuma oder Gelbwurz kennen wir vor allem aus der indischen Küche. Was viele jedoch nicht wissen: Die goldene Wurzel kann – genau wie Ingwer – auch bei uns angepflanzt werden. Beide Gewächse sind bekannt dafür, unser Immunsystem zu stärken. Das ist vor allem in den kühleren Monaten sinnvoll. Kurkuma soll außerdem entzündungshemmend und verdauungsfördernd wirken. Wer von den vielen Vorteilen der Wurzel profitieren möchte, sollte Kurkuma unbedingt in den täglichen Speiseplan integrieren. Das Tolle daran: Kurkuma passt gut sowohl für süße als auch für herzhafte Speisen und verleiht dem Gericht zudem immer eine wunderschöne leuchtende Farbe.

Alle Zutaten im Standmixer zu einer cremigen Masse verarbeiten.

In Schalen anrichten und nach Belieben mit frischen Früchten, Nussmus und Kernen dekorieren.

HERZHAFTES

Bei herzhaften Gerichten denke ich sofort an meinen Papa. Ich weiß, dass er sich vor allem in diesem Teil des Buches wiederfinden wird. Als Nicht-Frühstücker und Verweigerer von allem, was auch nur ansatzweise süß schmeckt, ist er besonders zu haben für alles, was herzhaft und salzig ist. Von ihm habe ich übrigens auch meine Begeisterung fürs Kochen. Schon als kleines Kind lugte ich in jeden seiner Kochtöpfe und wollte seine Saucen abschmecken und alle Gerichte vorab verkosten. Nachdem ich schon im Alter von drei Jahren beschlossen hatte, kein Fleisch mehr zu essen, hat sich mein Papa immer sehr ins Zeug gelegt, um auch mir ein schmackhaftes Abendessen zuzubereiten. So aß ich schon immer gerne Gemüse und lernte schnell, wie vielseitig die vegetarische Küche ist.

Als ich mit dem Auszug aus dem Elternhaus nach und nach zur Veganerin wurde, war mein Papa erst einmal ratlos und gar nicht mehr so glücklich darüber, mich bei Besuchen zu bekochen. Inzwischen hat er aber wirklich den Dreh raus und überrascht mich mit seinen Kreationen. Weil ich weiß, dass er selbst noch nicht ganz glücklich ist mit seinen pflanzlichen Rezeptideen, will ich ihm dieses Kapitel des Buches widmen – und damit quasi stellvertretend allen Eltern und Großeltern, die manchmal ebenfalls etwas ratlos in der Küche stehen, weil sie nicht wissen, was sie ihren veganen Sprösslingen Schmackhaftes auftischen sollen.

Meine Favoriten sind übrigens die Spinat-Lasagne mit Birne und Thymian und alle Rezepte mit Kürbis. Aber auch die Gemüse-Quiche und das Auberginen-Ragout auf Polenta haben sich zu echten Lieblingen auf meinem Speiseplan gemausert. Ich bin gespannt, welches Rezept euch am besten gefällt. Und vor allem, mit welchem Rezept ihr die hartnäckigsten Kritiker von der pflanzlichen Küche überzeugt.

Auberginen-Ragout mit cremiger Polenta

Auberginen werden total unterschätzt. Sie wurden vor mehr als viertausend Jahren erstmals in Asien angebaut. In Italien kocht man seit dem 15. Jahrhundert die beliebten »Melanzane«. Wenn ihr bislang noch nicht das perfekte Rezept mit Auberginen gefunden habt, dann ist es Zeit für dieses unglaublich leckere Ragout auf einem Bett von cremiger Mais-Polenta.

FÜR 2 PORTIONEN

Für das Ragout
2 Auberginen
Olivenöl zum Braten
½ TL Salz, Pfeffer
2 Knoblauchzehen
½ TL Paprikapulver, edelsüß
1 EL Olivenöl
5 EL dunkler Balsamico
1 EL Birnendicksaft
1 Zitrone, Saft
200 ml passierte Tomaten (Passata)
5 getrocknete Tomaten, fein geschnitten
3 Lorbeerblätter
1 Prise Kümmel
100 ml Wasser
1 Schluck Rotwein

Für die Polenta
400 ml Wasser
100 ml Hafermilch
½ TL Salz
1 EL Olivenöl
125 g Maisgrieß

Eine der Auberginen in 1 cm dicke Scheiben schneiden und diese vierteln. In einer Pfanne in etwas Olivenöl anbraten, bis die Stücke goldbraun und etwas weicher geworden sind. Mit Salz und Pfeffer würzen und auf einem Teller beiseitestellen.

Die zweite Aubergine schälen, zerkleinern und mit Knoblauch, Salz, Pfeffer, Paprika und Olivenöl pürieren. Das Püree in der Pfanne vom vorherigen Anbraten in etwas zusätzlichem Olivenöl anbraten und etwa 7 Minuten einkochen lassen. Dann Balsamico, Birnendicksaft und Zitronensaft, passierte Tomaten, die getrockneten Tomaten und die Lorbeerblätter dazugeben. Mit einer Prise Kümmel würzen und mit Salz und Pfeffer abschmecken. Nochmals gut aufkochen und nach 10 Minuten das Wasser und den Rotwein dazugeben. Den Herd ausschalten und weiter köcheln lassen.

Für die Polenta das Wasser und die Hafermilch in einem Topf zum Kochen bringen. Salz, Olivenöl und Maisgrieß dazugeben und unter ständigem Rühren bei kleiner Hitze einkochen. Vom Herd nehmen und die Polenta nochmals 15 Minuten ziehen lassen.

Das Auberginen-Ragout auf der Polenta anrichten und servieren.

Kohlrabi-Schnitzelbrot

Lange Zeit habe ich Kohlrabi nur roh gegessen.
Wahrscheinlich, weil ich das Gemüse einfach an
sich schon so lecker finde. Inzwischen bin ich
aber auch ein großer Fan der gekochten Version.
Gerade als Schnitzel macht sich dieses Gemüse
unglaublich gut.

FÜR 2 BROTE

Für die Schnitzel
1 Kohlrabi
10 EL Hafermilch
4 EL Dinkelmehl
1 TL Kartoffelstärke
60 g Mais-Paniermehl
2 EL Sonnenblumenöl

Für die Zwiebelringe
1 Zwiebel
1 EL Öl
etwas Mehl
1 Prise Salz
1 TL Birnendicksaft

Außerdem
2 Körnerbrötchen (Seite 45)
1 EL Senf
1 TL Harissa (Seite 210)
3 EL veganer Joghurt
¼ Gurke
2 Blätter Salat
2 Scheiben Tomate

Den Kohlrabi schälen und in 1 cm dicke Scheiben schneiden. Für die Panade drei Teller bereitstellen: In den ersten kommt die Hafermilch, in den zweiten das Mehl und die Kartoffelstärke und in den dritten das Paniermehl.

Die Kohlrabischeiben mehrmals in Hafermilch und Mehl wenden. Anschließend im Paniermehl wenden. In einer Pfanne im heißen Öl die Schnitzel von beiden Seiten insgesamt etwa 5 Minuten anbraten. Aus der Pfanne nehmen und beiseitestellen.

Die Zwiebel in Ringe schneiden und in derselben Pfanne in Öl anbraten. Mit Mehl bestäuben und salzen, den Birnendicksaft hinzugeben und karamellisieren lassen.

Die Brötchen quer halbieren. Senf, Harissa und Joghurt zu einem Dip anrühren, die Gurke mit dem Sparschäler fein schneiden. Die Brötchen mit je einem Salatblatt, einer Tomatenscheibe, den Sellerieschnitzeln, der Sauce und den Zwiebelringen belegen.

Winterminestrone mit Süßkartoffeln

Diese Suppe ist ein richtiges Wohlfühlgericht für kalte Tage. Außerdem ist sie vollgepackt mit allen wichtigen Nährstoffen: Das Gemüse liefert Vitamine, die Pasta die Kohlenhydrate und die Linsen sorgen für den Eiweiß-Kick. Die perfekte Mahlzeit also nach einem ausgedehnten Winterspaziergang oder einem aktiven Tag im Schnee.

FÜR 2 PORTIONEN

200 g Grünkohl
200 g Süßkartoffeln
2 Karotten
1 Stange Sellerie
1 Zwiebel
2 Knoblauchzehen
5 Zweige Thymian
1 EL Rapsöl
5 EL Tomatenmark
150 ml Rotwein
1 l Gemüsebrühe
1 Dose gehackte Tomaten
200 g Pasta nach Wahl
100 g grüne Linsen
Salz und Pfeffer
frische Petersilie, gehackt

Süßkartoffeln, Karotten und Staudensellerie in kleine Würfel schneiden. Zwiebel, Knoblauch und Thymian hacken. Den Grünkohl klein schneiden.

Das Rapsöl in einem großen Topf erwärmen und Zwiebel, Karotten, Süßkartoffeln und Sellerie darin anbraten. Nach 5 Minuten den Knoblauch dazugeben und weitere 3 Minuten braten. Das Tomatenmark und den Thymian beifügen und mit dem Rotwein ablöschen. Die Gemüsebrühe und die Tomaten dazugeben und 15 Minuten köcheln lassen.

Grünkohl, Pasta und Linsen in den Topf geben und köcheln lassen, bis die Nudeln al dente sind. Mit Salz und Pfeffer abschmecken. Mit frischer Petersilie bestreut servieren.

Penne mit Sonnenblumen-Brokkoli-Sauce

Brokkoli gehört zu meinen liebsten Gemüsesorten. Er enthält viel Vitamin C, Eisen, Kalium und in den Blättern sogar Vitamin A. Darum esse ich Letztere immer mit. Besonders gut funktioniert das in einer Sauce, weil da weder Blätter noch Strunk stören. So wird auch der ganze Brokkoli verwertet, und er versorgt euch gleichzeitig mit all seinen Vitaminen.

FÜR 2 PORTIONEN

1 kleiner Brokkoli
150 ml Hafermilch
1 Knoblauchzehe
3 EL Hefeflocken
5 EL Sonnenblumenkerne
1 EL Olivenöl
1 TL Salz
1 TL Paprikapulver
½ TL Cayennepfeffer
½ TL Kurkumapulver
Salz und Pfeffer

250 g Penne
frische Petersilie, gehackt
geschälte Hanfsamen

Less Waste: Was tun mit dem Brokkolistrunk?
Zugegeben: Der Strunk des Brokkolis passt nicht in jedes Gericht. Ihn aber einfach in die Biotonne zu geben, wäre echt schade. Es gibt unzählige Verwendungsmöglichkeiten dafür. Ihr könnt ihn beispielsweise mit in eure selbstgemachte Gemüsebrühe geben (Seite 61). Oder ihr schneidet ihn klein, bratet ihn in einer Pfanne in etwas Öl, mit Salz und Pfeffer an und esst ihn als lauwarmen Salat. Klein geschnitten passt er auch wunderbar in Currys oder Eintöpfe. Oder aber ihr zaubert daraus eine leckere Suppe.

Den Brokkoli etwas zerkleinern und in reichlich Wasser weich kochen. Das Wasser anschließend für das Kochen der Penne verwenden.

Den weich gekochten Brokkoli mit allen weiteren Zutaten im Mixer zu einer cremigen Sauce verarbeiten. Mit Salz und Pfeffer abschmecken.

Die Penne im Brokkolikochwasser gar kochen. Mit der Sauce mischen und mit reichlich frischer Petersilie und geschälten Hanfsamen bestreut servieren.

Pizza Bianca mit Kürbis und Thymian

Habt ihr schon einmal eine Pizza mit hellem Belag ausprobiert? Die Kombination mit Kürbis und Apfel hat es mir besonders angetan. Ich verwende hier einen Sauerteig, ihr könnt aber genauso gut einen Pizzateig aus Dinkel oder dem Mehl eurer Wahl herstellen.

FÜR 4 PIZZEN

Für den Teig
500 g Weizenmehl
280 g Wasser
10 g Salz
1 EL Olivenöl
150 g Sauerteig-Ansatz (Seite 48)

Für die weiße Sauce
200 g Sojajoghurt
1 Knoblauchzehe
½ Zitrone, Abrieb
2 EL Hefeflocken
1 EL Senf
½ TL Paprikapulver
Salz und Pfeffer

Für den Belag
½ Kürbis, ungeschält, in Scheiben geschnitten
1 Apfel, in Scheiben geschnitten
2 Zweige Thymian
2 EL Olivenöl
Salz und Pfeffer

1 Handvoll Rucola zum Servieren

Für den Teig Mehl und Wasser vermengen, anschließend das Salz, das Öl und den Sauerteigansatz hinzufügen. Alles 10–15 Minuten gründlich kneten. Anschließend den Teig 1 Stunde zugedeckt gehen lassen. Danach den Teig in vier Stücke teilen, nochmals gründlich kneten, jeweils zu einem Bällchen formen und erneut zugedeckt mindestens 4 Stunden gehen lassen. Der Teig sollte nun einfach von Hand auszurollen sein und sich zu perfekten Pizzaböden formen lassen.

Alle Zutaten für die Sauce mixen. Die Pizzateigböden damit bestreichen und mit dem Belag belegen. Im Ofen bei 220 Grad Ober- und Unterhitze 13–15 Minuten backen. Mit Rucola garniert servieren.

Gemüsequiche

Diese Quiche backe ich seit Jahren regelmäßig und habe das Rezept bisher nie veröffentlicht. Höchste Zeit, dass auch ihr es endlich ausprobieren könnt.

FÜR 6 PORTIONEN

Für den Teigboden
300 g Dinkelmehl
100 g Margarine
125 ml Wasser
1 TL Salz

Für die Füllung
1 kleiner Brokkoli
½ rote Paprika
5 Champignons
2 Frühlingszwiebeln
12 Cherrytomaten
1 kleine Zucchini
2 EL Olivenöl
2 TL Kräutersalz (Seite 60)
400 g Seidentofu
1 Leinsamen-Ei (Seite 59)
1 Knoblauchzehe
1 TL Harissa (Seite 210)
1 TL Salz
1 TL Paprikapulver
2 EL Hefeflocken
½ TL Kurkumapulver
Pfeffer

Alle Zutaten für den Teig verkneten und 30 Minuten kühl stellen.

In der Zwischenzeit das Gemüse in mundgerechte Stücke schneiden, auf einem Blech mit Öl und Kräutersalz vermengen und im Ofen bei 200 Grad Umluft 15 Minuten backen.

Einen Drittel des gebackenen Gemüses in den Standmixer geben und zusammen mit den restlichen Zutaten mixen. Die Masse in eine Schüssel geben und das restliche Gemüse unterheben.

Den Teig in eine gefettete Kuchenform geben und einen Rand formen. Die Füllung auf den Teigboden geben. Die Quiche bei 180 Grad Umluft 40 Minuten backen. Abkühlen lassen. Am besten schmeckt die Quiche, nachdem sie einen Tag im Kühlschrank war.

TIPP Für die glutenfreie Variante Kartoffeln fein schneiden und die ausgefettete Form damit belegen. Einen Rand braucht es nicht, weil die Füllung nach dem Abkühlen fest wird.

Spinat-Lasagne mit Birne und Thymian

Gemüse-Lasagne ist gut, Spinat-Lasagne ist besser. Vor allem in dieser Kombi. Außerdem bin ich so begeistert von der pflanzlichen Béchamelsauce, dass sich dieses Rezept zu einem echten Liebling in meiner Küche gemausert hat.

FÜR 4–5 PORTIONEN

Für die Lasagne
1 Zwiebel, gehackt
1 Knoblauchzehe, gehackt
1 Birne, gewürfelt
1 EL Olivenöl
200 g frischer Blattspinat
2 Zweige Thymian
4 TL veganes Pesto
75 g Sonnenblumenhack
(oder Sojaschnetzel)
250 ml Hafermilch
1 ½ TL Salz
Pfeffer
2 Prisen Muskatnuss
½ TL Chiliflocken
¼ Zitrone, Saft
8–12 Lasagneblätter
Rapsöl für die Form

Für die Béchamelsauce
50 g Margarine
3 TL Kartoffelmehl
220 ml Hafermilch
6 TL Hefeflocken
Salz und Pfeffer

Zwiebel, Knoblauch und Birne in einer Pfanne in etwas Öl anbraten. Nach 5 Minuten den Spinat, die Thymianzweige, das Pesto und das Sonnenblumenhack dazugeben. Mit der Hafermilch ablöschen, sämtliche Gewürze und den Zitronensaft hinzufügen und mitköcheln. Die Hitze reduzieren.

Inzwischen für die Béchamelsauce die Margarine zusammen mit dem Mehl und der Hafermilch zu einer Mehlschwitze aufkochen, die Hefeflocken langsam unterheben, mit Salz und Pfeffer abschmecken.

Eine Auflaufform mit etwas Rapsöl einfetten und den Boden der Form mit Lasagneblättern auslegen. Nun abwechslungsweise Füllung, Sauce und Lasagneblätter übereinanderschichten. Mit einer Schicht Béchamelsauce abschließen. Die Lasagne bei 180 Grad Ober- und Unterhitze 30 Minuten backen.

TIPP Besonders lecker schmeckt die Lasagne, wenn die oberste Schicht Béchamelsauce zusätzlich mit Walnuss-Parmesan (Seite 51) bestreut wird.

Ofen-Aubergine auf Hirse-Taboulé

Hirse enthält zehn Prozent Eiweiß und gilt dank seinem hohen Anteil an Vitamin B und C als eines der mineralstoffreichsten Getreide. Ich ziehe darum Hirse immer Couscous aus Hartweizen vor. Gerade ein Taboulé schmeckt mit Hirse mindestens ebenso gut, ist aber viel gesünder, nährstoffreicher und sogar glutenfrei.

FÜR 2 PORTIONEN

Für die Ofen-Aubergine
1 Aubergine
Kräutersalz (Seite 60)
2 EL Olivenöl
50 g Sojajoghurt
1 EL Birnendicksaft
½ Zitrone, Saft

Für das Taboulé
100 g Hirse
2 TL Olivenöl zum Andünsten
200 ml Wasser
¾ TL Salz
1 Zitrone, Abrieb von ½, Saft der ganzen Zitrone
1 EL Olivenöl
1 Frühlingszwiebel
2 Tomaten
½ Gurke
½ Bund Petersilie
8 Blätter frische Minze

Die Aubergine längs halbieren und die Schnittfläche mit etwas Kräutersalz und Öl einreiben. Im Ofen bei 200 Grad Umluft 25 Minuten rösten.

Den Joghurt mit dem Birnendicksaft und dem Zitronensaft verrühren.

Für das Taboulé in einem Topf etwas Öl warm werden lassen. Die Hirse beigeben und unter Rühren kurz andünsten. Das Wasser dazugießen, aufkochen, salzen und zugedeckt bei kleiner Hitze 5 Minuten köcheln lassen. Den Topf von der Herdplatte nehmen und die Hirse etwas auskühlen lassen. Zitronenabrieb und -saft sowie das Öl beigeben und abschmecken.

Die Frühlingszwiebel in feine Ringe schneiden, Tomaten und Gurke fein würfeln, Petersilie und Pfefferminze hacken und alles unter die Hirse mischen.

Die Aubergine auf dem Taboulé servieren und mit etwas Sojajoghurt garnieren.

Kumpir mit Sauerkraut-Tzatziki

Kumpir ist ein türkisches Gericht, das aus großen, mehligkochenden Kartoffeln zubereitet wird. Gefüllt mit einem leckeren Sauerkraut-Tzatziki, überzeugen sie nicht nur Kartoffelliebhaberinnen.

FÜR 2 PORTIONEN

2 große mehligkochende Kartoffeln

Für den Dip
1 Knoblauchzehe
½ Bund Petersilie und/oder Minze
3 EL Sauerkraut
200 g Sojajoghurt
Salz und Pfeffer
1 EL Olivenöl

1 Handvoll Sprossen
3 Cherrytomaten, geviertelt

Kartoffeln sind langweilig und machen dick?
Kartoffeln haben bei vielen einen schlechten Ruf, zu Unrecht! Durch ihren hohen Kohlenhydratanteil sollen sie dick machen. Aber: 100 g Kartoffel, also eine Knolle mittlerer Größe, enthält gerade mal 70 Kilokalorien. Hinzu kommt, dass die Kartoffel eine echte Vitamin-C-Bombe ist: Sie hat darum sogar den Übernamen »Zitrone des Nordens« erhalten. Wichtig ist, Kartoffeln wenn immer möglich ungeschält zu verarbeiten, so bleibt auch während des Kochvorgangs mehr von dem wertvollen Vitamin erhalten. Also – nichts wie ran an die Kartoffeln!

Die Kartoffeln waschen, abtrocknen und rundherum ein paar Mal mit einer Gabel einstechen. Auf einem Blech im Ofen bei 200 Grad Umluft 35 Minuten backen. Durch Einstechen mit einer Gabel testen, ob sie durch sind.

Inzwischen für den Dip den Knoblauch und die Kräuter fein hacken und mit den restlichen Zutaten verrühren.

Die Kartoffeln in der Mitte längs einschneiden, mit dem Dip füllen und mit Sprossen und Tomaten garnieren.

Spaghetti mit Linsen-Bolognese

Schon gewusst? Linsen liefern eine große Menge Eiweiß, sie enthalten sogar mehr davon als Rinderhackfleisch. Außerdem enthalten sie viele Ballaststoffe, B-Vitamine, Eisen, Magnesium, Kalium, Zink. Das sind ziemlich viele gute Argumente für diese Linsen-Bolognese. Der Geschmack überzeugt natürlich ebenfalls.

FÜR 2 PORTIONEN

1 Zwiebel

1 Karotte

1 EL Olivenöl

200 g grüne Linsen

1 Schuss dunkler Balsamico

300 ml Gemüsebrühe

500 ml passierte Tomaten (Passata)

1 TL Paprikapulver

250 g Spaghetti

Linsen versus Rindfleisch – der direkte Vergleich

Bei der Produktion von Linsen werden im Vergleich zu Rindfleisch zwanzigmal weniger Klimagase freigesetzt. Hülsenfrüchte statt Fleisch sind eine echte Win-win-Situation für Mensch, Tier und Umwelt. Noch besser wird die Bilanz, wenn statt roter Linsen heimische grüne Linsen oder Tellerlinsen verwendet werden.

Die Zwiebel fein hacken, die Karotte ungeschält klein würfeln. Das Öl in einem Topf erhitzen und die Zwiebel darin andämpfen. Danach die Linsen und die Karotte dazugeben und mit Balsamico ablöschen. Die Gemüsebrühe und die passierten Tomaten dazugießen und aufkochen. Bei reduzierter Hitze 25 Minuten köcheln lassen. Die Sauce mit Paprikapulver würzen.

Inzwischen die Spaghetti kochen. Mit der Linsen-Bolognese servieren.

TIPP Besonders lecker schmeckt das Gericht mit Walnuss-Parmesan (Seite 51) bestreut.

Lattich-Tacos mit Gemüsehack und Joghurt

Inzwischen gibt es unglaublich viele Fleischersatz-produkte. Gerade für Hackfleisch bietet die Convenience-Food-Abteilung enorm viel Auswahl. Wenn ihr aber gerne einmal selbst ein Gemüse-hack zubereiten wollt, dann sind diese mexikanisch inspirierten Tacos genau die richtige Wahl.

FÜR 4 TACOS

100 g Süßkartoffel
1 Karotte
60 g Walnüsse
1 Knoblauchzehe
100 g Räuchertofu
1 TL Paprikapulver
½ TL Sambal Oelek oder Chili
¾ TL Salz
Pfeffer
Rapsöl zum Anbraten

4 Blätter Lattich (Romanasalat)
¼ Bund Koriander
1 EL Sojajoghurt

Die Süßkartoffel und die Karotte (beide ungeschält) in grobe Stücke schneiden, die Walnüsse hacken und alles zusammen mit den restlichen Zutaten bis und mit Pfeffer im Mixer (Blitzhacker) oder mit dem Pürierstab grob hacken.

Das Gemüsehack in einer Pfanne in reichlich Öl unter stetigem Wenden anbraten. Das Gemüse-hack auf den Lattichblättern anrichten, mit frischem Koriander und Sojajoghurt garnieren.

Kartoffelgnocchi mit Pilzrahmsauce

Selbst gemachte Gnocchi sind viel schneller zubereitet, als gedacht. Ich verspreche euch: Wer sie einmal selbst gerollt und geformt hat, wird sie nie mehr abgepackt kaufen wollen. Gerade zusammen mit einer cremigen Pilzrahmsauce hat das Gericht absolutes Potenzial, sich zum neuen Lieblingsrezept zu mausern.

FÜR 2 PORTIONEN

Für die Pilzsauce
1 Knoblauchzehe
150 g braune Champignons
1 EL Olivenöl
3 EL dunkler Balsamico
Salz und Pfeffer
300 ml Hafersahne (oder Sojasahne)
frische Petersilie, gezupft

Für die Gnocchi
500 g festkochende Kartoffeln
175 g Dinkelmehl (oder glutenfreies Mehl)
¾ TL Salz

Für die Sauce den Knoblauch hacken. Die Pilze putzen und in Streifen schneiden. In einer Pfanne das Öl erhitzen und darin den Knoblauch und die Pilze anbraten. Mit dem Balsamico ablöschen und würzen. Die pflanzliche Sahne beigeben und auf niedriger Stufe köcheln lassen. Je länger die Sauce kocht, desto intensiver der Geschmack.

Für die Gnocchi die Kartoffeln in Salzwasser weich kochen. Schälen, auskühlen lassen und fein stampfen. Mehl und Salz hinzufügen und in den Kartoffelstampf einarbeiten; wenn der Teig noch sehr klebrig ist, etwas mehr Mehl verwenden. Den Teig zu etwa 1 ½ cm dicken Strängen rollen und diese mit einem Messer in 2 cm lange Stücke schneiden. Für flachere Gnocchi diese nach Wunsch mit einer Gabel leicht eindrücken.

Die Gnocchi in einem Topf mit heißem Salzwasser ein paar Minuten kochen, bis sie obenauf schwimmen. Die Gnocchi herausheben, abtropfen lassen und mit der Pilzrahmsauce und mit frischer Petersilie bestreut servieren.

Randen-Risotto mit Lauch und Schmortomaten

Es muss nicht immer der klassische Risotto sein. Dieses spätsommerliche Gericht mit Roter Bete und sonnengereiften Tomaten überzeugt nicht nur optisch, sondern auch geschmacklich.

FÜR 2 PORTIONEN

Für den Risotto
1 Zwiebel
Olivenöl
1 Tasse Risottoreis
1 Schuss Weißwein
2 Tassen Wasser
2 TL Salz
100 g rohe Rande
einige Zweige frischer Thymian
8 Blätter frische Minze, gehackt
2 TL Tomatenmark

2 Handvoll Datteltomaten
Olivenöl
1 Stange Lauch
100 ml Hafersahne
½ Zitrone, Saft
Salz und Pfeffer

Die Zwiebel hacken und in einem Topf in etwas Olivenöl andünsten. Sobald sie glasig ist, den Risottoreis dazugeben und ebenfalls mitdünsten. Mit einem Schuss Weißwein ablöschen, dann mit dem Wasser aufgießen und salzen. Die rohe Rande raspeln und daruntermischen. Zudecken, die Hitze reduzieren und den Reis unter gelegentlichem Umrühren garen.

Inzwischen die Tomaten mit etwas Olivenöl und Salz mischen und im vorgeheizten Ofen bei 200 Grad Umluft 20 Minuten schmoren.

Den Lauch in feine Rädchen schneiden und in einer Pfanne in etwas Öl anbraten. Sobald er goldbraun wird, die Hafersahne und den Zitronensaft dazugeben und abschmecken.

Sobald der Risotto etwa zwei Drittel der Flüssigkeit aufgenommen hat, die Thymianzweige, die gehackte Minze und das Tomatenmark hinzufügen. Nochmals umrühren und den Risotto auf der ausgeschalteten Herdplatte noch kurz ziehen lassen.

Sobald der Risotto gar ist (er sollte noch etwas Biss haben), mit dem Lauch und den Schmortomaten anrichten und heiß genießen.

Teriyaki-Style-Tofu mit Brokkoli und Reis

Wenn es nach mir ginge, könnte ich jeden Tag asiatisch essen. Leider enthalten aber gerade diese Gerichte oft sehr viele exotische und damit nicht besonders umweltverträgliche Zutaten wie Kokosmilch, Sojasauce, Limetten, Zitronengras und anderes mehr. Deshalb habe ich ein Rezept entwickelt für einen Teriyaki-Style Tofu, der ausschließlich mit regionalen Zutaten auskommt.

FÜR 2 PORTIONEN

200 g Tofu
1 Knoblauchzehe
2 TL Birnendicksaft
1 TL Harissa (Seite 210)
1 TL grobkörniger Senf
¾ TL Salz
2 TL Kartoffelmehl oder Maisstärke

1 Tasse Reis
2 Tassen Wasser
1 Brokkoli
Rapsöl
2 EL Balsamicocreme
1 EL Birnendicksaft
1 EL Buchweizen
Salz

Den Tofu abtropfen lassen, trocken tupfen und würfeln. Den Knoblauch hacken. In einer kleinen Schüssel mit Birnendicksaft, Harissa, Senf und Salz verrühren und den Tofu darin mindestens 1 Stunde marinieren. Zum Schluss das Kartoffelmehl oder die Maisstärke dazugeben und nochmals umrühren. Anschließend den Tofu im Ofen bei 200 Grad Umluft 20 Minuten goldbraun backen. Inzwischen den Reis nach Packungsanleitung garen.

Den Brokkoli in Röschen teilen und in heißem Wasser ungefähr 10 Minuten kochen. Abgießen und anschließend in einer Pfanne in etwas Öl 5 Minuten anrösten. Dann Balsamicocreme, Birnendicksaft und Salz dazugeben und untermischen. Den Tofu aus dem Ofen nehmen und kurz mit in die Pfanne geben. Den Buchweizen unterheben und auf der ausgeschalteten Herdplatte kurz ziehen lassen.

Tofu und Brokkoli mit dem Reis servieren.

Welcher Reis ist die beste Wahl?

China und Indien sind die größten Anbauländer für Reis und ernten jährlich über 100 Millionen Tonnen. Reis ist für viele asiatische Länder das Grundnahrungsmittel Nummer 1. Das Problem: Keine Kulturpflanze sondert so viel Methan ab. Hinzu kommt der lange Transportweg nach Europa. Bei Reis ist es darum besonders wichtig, auf ein Bio- und Fairtrade-Siegel zu achten. Um die langen Transportwege zu vermeiden, kann man auf europäische Reissorten aus Italien oder Frankreich zurückgreifen. Ich verwende gerne italienischen Basmatireis oder Langkornreis aus Frankreich.

Vietnamesisches Tomatencurry mit Tofu

Die vietnamesische Küche ist eine meiner liebsten. Dieses einfache Curry ist super schnell zubereitet und schmeckt einfach immer. Ich empfehle, dafür richtig reife Tomaten zu verwenden, da sie der Hauptakteur bei diesem Gericht sind.

FÜR 2 PORTIONEN

400 g Tofu
3 EL Sonnenblumenöl
3 Knoblauchzehen
1 Frühlingszwiebel
400 g vollreife Tomaten
1 cm frischer Ingwer, geschält und gehackt
1 EL Tomatenmark
3 EL dunkler Balsamico
1 EL Birnendicksaft (oder Rohrzucker)
1 ½ TL Harissa (Seite 210) (oder Chiliflocken)

Wie nachhaltig ist Kokosmilch?

In vielen Curryrezepten wird Kokosmilch verwendet. Auch ich mag die cremige Konsistenz, die sich dadurch ergibt. Doch es gibt gute Gründe, mit Kokosmilch und Kokosöl eher sparsam umzugehen. Einerseits kommen sie aus Asien zu uns und haben schon dadurch eine schlechte Ökobilanz. Hinzu kommt, dass wie beim Palmöl die Problematik der Monokulturen immer mehr zunimmt. Auch für Kokospalmen wird Regenwald gerodet. Für einen bewussten Konsum kann anstelle von Kokosöl beispielsweise auf ein heimisches Öl wie Rapsöl zurückgegriffen werden. Und Currys können auch durch Hafersahne verfeinert werden. Wer auf Kokosprodukte nicht verzichten will, hat zumindest die Möglichkeit, auf zertifizierte Produkte mit Fairtrade- und Bio-Siegel zu achten.

Den Tofu abtropfen lassen, trocken tupfen und würfeln. In einer Pfanne im Öl anbraten, bis er goldbraun ist. Beiseitestellen.

Den Knoblauch und die Zwiebel hacken und beides in derselben Pfanne anschwitzen. Die Tomaten grob hacken, dazugeben und alles ein paar Minuten köcheln lassen. Dann die restlichen Zutaten hinzufügen und ebenfalls mitkochen lassen. Sobald die Tomaten zerfallen sind, den Tofu wieder dazugeben und erwärmen.

Das Gericht mit Reis oder einer anderen Stärkebeilage sowie mit frischen Kräutern bestreut servieren.

Kürbis-Mac no cheese

Dieses Rezept gibt es bei uns zu Hause ab August bis zum Ende der Kürbissaison mindestens einmal pro Woche. Dieses Pastagericht ist absolut gelingsicher und schmeckt auch Kindern richtig gut.

FÜR 2 PORTIONEN

200 g Kürbis (Oranger Knirps oder Butternuss)
120 g Hafersahne (Seite 55)
1 TL Senf
15 g Hefeflocken
½ Knoblauchzehe
¾ TL Salz
1 TL Kurkuma
4 EL natives Olivenöl (am besten mit Trüffelgeschmack)
½ Zitrone, Saft
130 ml Wasser
½ TL Paprikapulver
½ TL Cayennepfeffer

250 g Nudeln nach Wahl
frische Petersilie, gehackt
Hefeflocken, Pfeffer
veganer Käse nach Wahl

Den Kürbis samt Schale würfeln und im Ofen bei 200 Grad Umluft 20 Minuten backen.

Den gebackenen Kürbis zusammen mit allen weiteren Zutaten im Hochleistungsmixer oder Blitzhacker oder mit dem Pürierstab zu einer cremigen Masse mixen. Die Konsistenz sollte dickflüssig, aber nicht stichfest sein. Falls nötig, die Sauce mit etwas Wasser oder Hafersahne verdünnen.

Die Nudeln nach Packungsanleitung kochen und mit der cremigen Kürbissauce vermengen. Mit frischer Petersilie, etwas Hefeflocken und frisch gemahlenem Pfeffer abschmecken und mit veganem Käse nach Wahl bestreuen.

Kartoffelgulasch mit Räuchertofu

LIEBLINGSREZEPT
WARME JAHRESZEIT
100 % REGIONAL
GLUTENFREI
EIWEISSREICH

Schon als Kind mochte ich kein Fleisch. Wenn es aber Gulasch gab –, und das gab es dank österreichischem Papa oft –, aß ich liebend gern von der Sauce mit. Dass Gulasch aber auch wunderbar komplett ohne Fleisch auskommen kann, beweist dieses Wohlfühlrezept. Zubereitet ist es im Nu und wird mit jedem Mal Aufwärmen nur noch besser. Das perfekte Meal-Prep-Gericht zum Einfrieren!

FÜR 4 PORTIONEN

1 große Zwiebel
1 Knoblauchzehe
1 EL Olivenöl
3 große Kartoffeln
2 Karotten
1 Paprikaschote
200 g Räuchertofu
1 EL Tomatenmark
Salz
2 TL Paprikapulver, edelsüß
1 kleine Chilischote
50 ml Rotwein
200 ml passierte Tomaten (Passata)
2–3 Zweige Thymian und/oder Rosmarin

Die Zwiebel grob schneiden und den Knoblauch hacken. Beides in einer großen Pfanne im Olivenöl anbraten. Die ungeschälten Kartoffeln und Karotten, die entkernte Paprika und den Räuchertofu würfeln und dazugeben. Das Tomatenmark einrühren, mit Salz und Paprikapulver würzen und weitere 5 Minuten unter gelegentlichem Rühren anbraten. Die Chilischote entkernen, grob hacken und dazugeben. Alles mit Rotwein ablöschen, die Tomatensauce dazugeben und das Gulasch auf niedriger Hitze ungefähr 1 Stunde einköcheln lassen. Nach Belieben ein paar Zweige Thymian und/oder Rosmarin mitkochen. Nochmals abschmecken und heiß servieren.

Tofu und der Regenwald: Wie war das noch mal?
Tofu hat zu Unrecht einen schlechten Ruf. Dass der Regenwald für den Sojaanbau abgeholzt wird, stimmt zwar. Was viele jedoch nicht wissen: Der Konsum von Tofu oder Sojamilch ist dafür nicht verantwortlich – vielmehr werden die im Gebiet des gerodeten Regenwalds angebauten Sojabohnen zu über 90 Prozent als Tierfutter für die Fleischindustrie und Milchwirtschaft verwendet. Im Gegensatz zu dem oft genmanipulierten Soja für Futtermittel darf biologischer Tofu, der für den menschlichen Verzehr vorgesehen ist, nach EU-Verordnung nie aus genmanipulierten Pflanzen hergestellt sein; dafür werden meistens lokal produzierte einheimische Sojabohnen verwendet.

Veganes Käsefondue

Fondue ist ein wunderbar geselliges Essen, vor allem beliebt rund um die Weihnachtszeit oder an Silvester. Und das geht auch rein vegan! Die meisten pflanzlichen Rezepte sind auf Cashew- oder Bohnenbasis. Diese Variante basiert auf einer Mehlschwitze und kommt dadurch ohne Zutaten aus, die von weit weg zu uns kommen.

FÜR 4 PORTIONEN

4 Knoblauchzehen
2 EL Margarine
200 ml Weißwein
200 ml Hafermilch
100 ml Gemüsebrühe
6 EL Hefeflocken
1 EL Senf
1 ½ EL Rapsöl
2 TL Trüffelöl
4 EL Mehl
Salz und Pfeffer
1 Prise Muskatnuss

Die Knoblauchzehen halbieren. Die Margarine in einem Topf erhitzen und den Knoblauch darin anschwitzen. Mit Wein, Hafermilch und Gemüsebrühe ablöschen. Dann die Hefeflocken, Senf und beide Öle unterrühren. Das Mehl unter Rühren dazugeben, aufkochen lassen und mit Salz, Pfeffer und Muskatnuss abschmecken.

Wenn die vegane Käsemasse zu dickflüssig wird, einfach noch etwas Hafermilch dazugeben. Ist die Masse zu flüssig, mehr Hefeflocken oder Mehl einstreuen.

Das vegane Käsefondue in ein Fondue-Caquelon füllen. Brot und weitere Beilagen wie Gewürzgurken und/oder frische Birnen in mundgerechte Stücke schneiden und mit dem heißen Fondue genießen.

Wirzrollen mit Pilzen und Pinienkernen

Wirz – auch bekannt als Wirsing – ist das perfekte Wintergemüse. Die enthaltenen Senföle haben so viele Antioxidantien, dass wir diese Kohlsorte definitiv öfter auf den Tisch bringen sollten. Und diese Röllchen überzeugen sogar Kohl-Skeptiker.

FÜR 2 PORTIONEN

100 g Pinienkerne
500 g Wirz (Wirsing)
1 Zwiebel
2 Knoblauchzehen
250 g braune Champignons
2 EL Rapsöl
200 ml Weißwein
Salz und Pfeffer
1 TL Senf
1 TL Birnendicksaft

In einer trockenen Pfanne die Pinienkerne goldbraun rösten und beiseitestellen.

Pro Person drei große Blätter vom Wirz ablösen. In kochendem Salzwasser 2 Minuten blanchieren. Herausheben, mit kaltem Wasser kalt abschrecken, abtropfen lassen und ausgebreitet bereitlegen.

Den restlichen Wirz fein schneiden, Zwiebel, Knoblauch und Champignons hacken. Alles zusammen im Öl 10 Minuten dünsten. Mit der Hälfte des Weißweins ablöschen und einkochen lassen. Mit Salz und Pfeffer würzen. Den Senf, den Birnendicksaft und den Rest des Weins darunterrühren. Anschließend die gesamte Flüssigkeit aus der Pfanne in eine Auflaufform abgießen.

Zum Formen der Rollen auf die blanchierten Wirzblätter die Pilzmasse und die Pinienkerne verteilen und darin einwickeln. Die Wirzwickel in die vorbereitete Form geben und mit Backpapier bedeckt im Ofen bei 180 Grad Ober- und Unterhitze etwa 25 Minuten schmoren lassen.

Fenchelsalat mit Eierschwämmen

Man hasst ihn oder liebt ihn, den Fenchel. Ich möchte ja nicht angeben, aber mit diesem Rezept konnte ich sogar meinen Freund Chris davon überzeugen, die wohltuende Heilpflanze öfter in den Speiseplan aufzunehmen. Gerade in Kombination mit Pfifferlingen ein Gedicht!

FÜR 2-3 PORTIONEN

2 Fenchel (inkl. Fenchelgrün)
1 ½ EL Olivenöl
2 Frühlingszwiebeln
5 Blätter Salbei
1 TL Paprikapulver, edelsüß
1 TL Salz
Pfeffer
250 g Eierschwämme (Pfifferlinge)
3 EL dunkler Balsamico
1 TL Birnendicksaft
10 Cherrytomaten, halbiert
1 Spritzer Zitronensaft

Den Fenchel längs in Streifen schneiden, das Grün beiseitelegen. Das Öl in einer Bratpfanne erhitzen und den Fenchel 10 Minuten darin anbraten. Die Frühlingszwiebeln und den Salbei fein schneiden und mitbraten. Mit Paprikapulver, Salz und Pfeffer abschmecken. Alles in eine Servierschüssel geben.

In etwas zusätzlichem Öl in derselben Pfanne die Pilze anbraten und ebenfalls würzen.

In einer kleinen Schüssel den Balsamico und etwas Olivenöl verrühren, den Birnendicksaft daruntermischen und das Dressing über den Fenchel gießen. Die Pilze auf dem Salat verteilen, mit dem Fenchelgrün und halbierten Cherrytomaten garnieren und mit etwas Zitronensaft beträufeln.

Wie finde ich Pfifferlinge im Wald?

Als Kind habe ich meinen Papa oft auf seine Pilztouren begleitet. Lichte Wälder mit moosigen Böden bieten von Mai bis Oktober ideale Bedingungen, um am Wegesrand Eierschwämme zu entdecken. Vor allem, nachdem es geregnet hat. Dann sprießen die Pilze gerne in der Nähe von Fichten, Tannen und Buchen aus dem lockeren Waldboden. Belohnt werden alle, die genügend Geduld, Zeit und ein gutes Auge mitbringen.

Karotten-Ingwer-Suppe

Karotten habe ich immer auf Vorrat im Kühlschrank. Ich lagere sie in Wasser eingelegt, so bleiben sie knackig. Solltet ihr aber doch einmal ein paar Karotten haben, die ihr verwerten müsst, ist diese Suppe immer eine gute Wahl.

FÜR 2 PORTIONEN

400 g Karotten
1 Zwiebel
10 g frischer Ingwer, geschält
1 EL Rapsöl
1 Schuss Weißwein
350 ml Gemüsebrühe
½ Orange, Saft
Salz und Pfeffer
3 Zweige Koriander, gezupft
Chiliflocken
2 EL Hafersahne

Die Karotten ungeschält in Scheiben schneiden.

Die Zwiebel und den Ingwer hacken und in einem Topf im Öl anbraten. Die Karotten dazugeben und mit einem Schuss Weißwein ablöschen. Mit der Gemüsebrühe aufgießen und 15–20 Minuten kochen lassen, bis die Karotten weich sind. Den Orangensaft dazugeben, die Suppe pürieren und mit Salz und Pfeffer abschmecken.

Heiß servieren und mit Koriander, Chiliflocken und etwas Hafersahne garnieren.

Wie verwerte ich altes Brot?

Wer altes Brot übrig hat, kann dieses in mundgerechte Stücke schneiden und damit ein knuspriges Topping für die Suppe zaubern. Dafür brate ich das Brot einfach in etwas Olivenöl in der Pfanne an.

Indisches Erbsen-Curry mit Blumenkohl

Mit 23 Gramm Eiweiß auf 100 Gramm sind getrocknete Erbsen eine ausgezeichnete Proteinquelle. Im Gegensatz zur frischen Variante sind getrocknete Erbsen das ganze Jahr über erhältlich. Mit ihnen lassen sich tolle Eintöpfe oder Suppen kochen. Dieses indisch angehauchte Curry ist mein persönlicher Favorit.

FÜR 2–3 PORTIONEN

100 g grüne Erbsen, getrocknet
1 Zwiebel
3 Knoblauchzehen
2 cm frischer Ingwer
2 cm frische Kurkuma
oder ¾ TL Kurkumapulver
2 EL Rapsöl
1 kleiner Blumenkohl
180 ml Wasser
200 ml Hafersahne
3 EL Tomatenmark
1 TL Harissa (Seite 210)
¼ TL Kreuzkümmel
1 TL Paprikapulver
1 Prise Kardamom
2 Lorbeerblätter
1 Bund Koriander, gehackt

Die Erbsen über Nacht in kaltem Wasser einweichen, dann abspülen.

Zwiebel, Knoblauch, Ingwer und Kurkuma schälen, fein hacken und in einem Topf in etwas Öl 2–3 Minuten dünsten. Den Blumenkohl in Röschen teilen und 5 Minuten mitdünsten. Die Erbsen dazugeben und sofort Wasser, Hafersahne, Tomatenmark, Gewürze und Lorbeerblätter dazugeben. Bei Bedarf mit etwas mehr Wasser auffüllen, bis die Zutaten knapp bedeckt sind. Das Ganze etwa 25 Minuten köcheln lassen, bis die Erbsen weich sind. Die Lorbeerblätter entfernen und das Curry mit frischem Koriander bestreut servieren.

Buchweizen-Crêpes mit Marktgemüse

Eines meiner liebsten Rezepte, um Gemüsereste zu verwerten, sind herzhafte Crêpes, die man ganz nach Lust und Laune mit jedem Gemüse füllen kann. Ihr könnt das Rezept also nach Lust und Laune mit dem abwandeln, was gerade in eurem Kühlschrank lagert.

FÜR 2 PORTIONEN

Für die Crêpes
150 g Buchweizenmehl
60 g Soja- oder Kartoffelmehl
1 Handvoll Spinat, frisch
1 Leinsamen-Ei (Seite 59)
½ TL Salz
200 ml Hafermilch
180 ml Wasser
1 EL Olivenöl zum Ausbacken

Für die Füllung
1 Zwiebel
2 Knoblauchzehen
1 cm frischer Ingwer, geschält
100 g Champignons
1 Karotte, ungeschält
100 g Spinat
150 g Kichererbsen, gekocht
½ TL Kreuzkümmel
1 TL Paprikapulver
Salz und Pfeffer
1 EL Rapsöl

Für den Crêpeteig alle Zutaten miteinander mixen. In einer Pfanne im heißen Öl daraus Crêpes aus-backen. Die fertigen Crêpes im Ofen bei 100 Grad warm halten.

Für die Füllung Zwiebel, Knoblauch und Ingwer hacken und in einer Pfanne in Rapsöl anbraten. Die Champignons und die Karotte vierteln und dazu-geben, den Spinat und die Kichererbsen ebenfalls hinzufügen und kurz mitkochen. Mit Kreuzkümmel, Paprika, Salz und Pfeffer würzen. Alles in einen hohen Becher oder eine hohe Schüssel geben und mit dem Pürierstab zu einer grob krümeligen, nicht homogenen Masse verarbeiten.

Die Crêpes mit dem Gemüse füllen und ein-rollen. Mit frischen Kräutern bestreut und mit einem Dip (Vorschläge siehe Seite 203ff.) servieren.

Gebratener Blumenkohlreis

Blumenkohlreis ist eine tolle Alternative zu herkömmlichem Reis, wenn es einmal besonders schnell gehen soll oder der Hunger nicht ganz so groß ist. Vor allem in der Pfanne gebraten schmeckt er besonders aromatisch.

FÜR 2 PORTIONEN

2 Schalotten
1 Knoblauchzehe
1 EL Olivenöl
1 Karotte
½ rote Paprikaschote
200 g Tofu
½ TL Kurkumapulver
1 TL geräuchertes Paprikapulver
½ TL Salz
1 Prise Kreuzkümmel
1 mittelgroßer Blumenkohl

2 EL veganer Joghurt
5 Zweige Koriander, gehackt

Schalotten und Knoblauch hacken und in einer Pfanne im Öl goldbraun anbraten. Die ungeschälte Karotte und die Paprika in feine Streifen schneiden und ebenfalls in die Pfanne geben. Den Tofu mit den Händen zerbröseln und weitere 3–4 Minuten mit anbraten. Alle Gewürze unterheben, die Hitze reduzieren.

Vom rohen Blumenkohl vorzugsweise die Röschen auf einer Reibe in reisähnliche Größe reiben, den Strunk, falls verwendet, fein hacken. Beides in die Pfanne geben und 5 Minuten mitbraten.

Das Ganze zum Schluss mit veganem Joghurt und frischem Koriander garniert servieren.

Palak-Tofu-Paneer mit Fladenbrot

Die rein pflanzliche Version des vegetarischen Klassikers der indischen Küche schmeckt mit Tofu mindestens so lecker. Ein schnelles Gericht, das immer überzeugt.

FÜR 2 PORTIONEN

600 g frischer Blattspinat
2 cm frischer Ingwer, geschält
2 Knoblauchzehen

1 Zwiebel
400 g Tofu
4 EL Sonnenblumenöl
1 ½ TL Salz
Pfeffer
250 ml Wasser
1 TL Kreuzkümmel
½ TL Kardamompulver
½ TL Chiliflocken
2 Lorbeerblätter
1 Prise Zimt
2 Prisen Nelkenpulver
1 TL Garam Masala

Den Spinat in einem großen Topf mit kochendem Wasser kurz abkochen, abgießen, mit kaltem Wasser abspülen und abtropfen lassen. Den Spinat zusammen mit dem Ingwer und dem Knoblauch zu einer Paste mixen.

Die Zwiebel hacken und den Tofu würfeln. In einer Pfanne das Öl erhitzen und darin Zwiebel und Tofu goldbraun anbraten. Mit Salz und Pfeffer würzen. Die Spinatpaste, das Wasser und die restlichen Gewürze dazugeben und weitere 5 Minuten köcheln lassen.

Das Gericht mit Fladenbrot servieren.

TIPP Für selbstgemachtes Fladenbrot verwende ich denselben Teig wie für die Pizza auf Seite 101 und backe ihn, mit reichlich Öl beträufelt und mit gehacktem Knoblauch bestreut, im Ofen bei 220 Grad ungefähr 15 Minuten.

Kartoffelsalat mit Petersilie

Bei einer Grillparty darf ein guter Kartoffelsalat nicht fehlen. Einmal vorbereitet, hält er sich im Kühlschrank mehrere Tage und ist die ideale Beilage für diverse Sommergerichte.

FÜR 4–5 PORTIONEN

1 kg festkochende Kartoffeln
1 rote Zwiebel
1 Knoblauchzehe
10 Gewürzgurken
1 Bund Petersilie
1 Bund Schnittlauch
12 EL Gurkenwasser (aus dem Glas)
3 EL vegane Mayonnaise (Seite 208)
1 EL Rapsöl
2 TL scharfer Senf
Salz und Pfeffer

Die Kartoffeln in Wasser gar kochen, abkühlen lassen und schälen.

Zwiebel und Knoblauch hacken, die Gewürzgurken würfeln, die Kräuter fein schneiden.

Das Gurkenwasser mit der Mayonnaise, dem Öl und dem Senf zu einer Sauce verrühren. Die noch warmen Kartoffeln in Scheiben schneiden, mit der Sauce und den restlichen Zutaten vermengen und abschmecken. Nach Bedarf mehr Gurkenwasser dazugeben. Mit den Kräutern bestreut servieren.

Zucchininudeln an Zitronen-Senf-Sauce

Kennt ihr Zoodles? Das sind rohe Nudeln aus Zucchini, quasi die Low-Carb-Variante zu normaler Pasta. Besonders an heißen Tagen ist dieses leichte Gericht eine Alternative zu Pastagerichten. Die leicht säuerliche Sauce passt auch wunderbar zu jedem anderen Salat.

FÜR 2 PORTIONEN

4 kleine Zucchini
200 g Räuchertofu
2 Frühlingszwiebeln

Für das Dressing:
1 Knoblauchzehe
1 Zitrone, Saft
2 EL Olivenöl
1 EL Senf
4 EL veganer Joghurt
1 Schuss Weißweinessig
½ TL Kurkumapulver
Salz und Pfeffer

1 Handvoll frischer Basilikum

Zuerst die Zucchini mit einem Spiralizer zu Spaghetti oder mit dem Sparschäler zu breiteren Bandnudeln verarbeiten (oder mit einer groben Reibe für einen feineren Salat).

Den Räuchertofu würfeln. Die Frühlingszwiebeln samt Grün in feine Ringe schneiden.

Alle Zutaten für das Dressing mit dem Pürierstab mixen. Die Zucchininudeln mit der Sauce gründlich vermengen. Das geht am besten mit den Händen.

Die Zoodles anrichten, mit Basilikum, dem Räuchertofu und den Frühlingszwiebeln garnieren. Dazu frisches Brot servieren.

Sheperd's Pie mit Linsen und Kartoffelstampf

LIEBLINGSREZEPT
KALTE JAHRESZEIT
GLUTENFREI
EIWEISSREICH

Shepherd's Pie ist im Original ein Fleischauflauf und ein Lieblingsessen vieler Engländer. Meine pflanzliche Variante kann es locker mit dem traditionellen Gericht aufnehmen, denn die Kombination aus Marroni, Zimt, Thymian und Süßkartoffeln ist besonders aromatisch. Ein schönes Herbst- und Wintergericht für die ganze Familie.

FÜR 4 PORTIONEN

500 g mehligkochende Kartoffeln
500 g Süßkartoffeln
30 g Margarine
Muskatnuss, frisch gerieben
Salz und Pfeffer

1 große Zwiebel
4 Knoblauchzehen
3 EL Olivenöl
2 Karotten
250 g braune Champignons
5 Zweige frischer Thymian
1 TL Koriander
½ TL Kümmel
2 Prisen Zimt
1 TL Chiliflocken
3 EL Tomatenmark
3 EL dunkler Balsamico
75 ml Rotwein
150 ml Gemüsebrühe

400 g Tellerlinsen
150 g Erbsen
250 g Marroni, gekocht

1 Zweig frischer Rosmarin
30 g Hefeflocken
Olivenöl
Petersilie, gehackt

Die Kartoffeln und Süßkartoffeln schälen und in mundgerechte Stücke schneiden. In Salzwasser gar kochen. Abgießen, trocken tupfen und wieder zurück in den Topf geben. Mit Margarine, Muskatnuss, Pfeffer und Salz grob zerstampfen (sodass noch Stücke erhalten bleiben).

Zwiebel und Knoblauch hacken und in einer beschichteten Pfanne in etwas Öl 5 Minuten anbraten. Die fein gehackten Karotten und die Pilze dazugeben. Die Thymianzweige, Koriander, Kümmel, Zimt und Chiliflocken sowie das Tomatenmark untermischen und köcheln lassen. Den Balsamico beifügen und nochmals 10 Minuten köcheln lassen, dann nach und nach den Wein dazugeben. Mit der Brühe aufgießen, die Linsen dazugeben und weitere 5–7 Minuten köcheln lassen, bis die Flüssigkeit etwas einreduziert ist. Nun noch die Erbsen und halbierten Marroni unterheben.

Alles in eine Auflaufform (ca. 25 × 35 cm) füllen und mit dem Kartoffelstampf bedecken.

Die Blätter des Rosmarins fein schneiden und zusammen mit den Hefeflocken, etwas Olivenöl, Salz und Pfeffer in einer Schüssel vermengen. Auf dem Pie verteilen.

Den Pie im Ofen bei 200 Grad Ober- und Unterhitze etwa 30 Minuten backen, bis er oben goldbraun wird. Mit frischer Petersilie bestreut servieren.

Dinkelspätzle mit Pilzsauce

Dieses Menü ist etwas aufwendiger als die meisten anderen Rezepte in diesem Buch. Besonders für festliche Anlässe, wie beispielsweise Weihnachten, ist es aber perfekt. Natürlich könnt ihr auch einfach einzelne Teile davon ausprobieren und nach Belieben zu einem Gericht zusammenstellen.

FÜR 4 PORTIONEN

Für die Spätzle
400 g helles Dinkelmehl
6 EL Maisgrieß
4 TL Olivenöl
400 ml warmes Leitungswasser
1 Prise Salz
¼ TL Kurkuma
etwas Margarine oder Öl für die fertigen Spätzle

Für die Pilzsauce
1 Knoblauchzehe
150 g braune Champignons
1 EL Olivenöl
3 EL Balsamico
300 ml Hafersahne (oder Sojasahne)
Salz und Pfeffer
frische Petersilie, gehackt

Für die Spätzle alle Zutaten in einer großen Schüssel zu einem zähflüssigen Teig verrühren. In einem Topf reichlich Salzwasser aufkochen. Den Teig portionsweise mit der Spätzlepresse oder mit einem Messer zügig vom Brett geschabt ins kochende Wasser geben. Sobald die Spätzle obenauf schwimmen, mit einem Schaumlöffel abschöpfen, gut abtropfen lassen, mit etwas Margarine oder Öl mischen und beiseitestellen. Mit dem restlichen Teig ebenso verfahren.

Für die Sauce den Knoblauch hacken und die Pilze in Streifen schneiden. In einer Pfanne das Öl erhitzen und darin Knoblauch und Pilze anbraten. Mit dem Balsamico ablöschen, die pflanzliche Sahne beigeben, würzen und auf niedriger Stufe köcheln lassen. Je länger die Sauce kocht, desto intensiver der Geschmack.

Die Spätzle mit der Sauce und mit frischer Petersilie bestreut servieren.

TIPP Noch besser schmeckt das Gericht mit karamellisierten Marroni. Dafür pro Person 80 g Marroni kochen und schälen. In einer Pfanne 150 g Rohrzucker, 100 ml Orangensaft und 150 ml Gemüsebrühe aufkochen und karamellisieren lassen, dann die Marroni darin wenden.

Ofengemüse mit Pesto

*Wohin mit welkem Gemüse? Manchmal passiert es,
dass wir mehr Gemüse einkaufen, als wir verwerten
können. Eine tolle Option ist es dann, daraus ein
schnelles Ofengemüse zu zaubern. Verwendet werden
kann alles, was der Kühlschrank gerade hergibt.
Zusammen mit einem Pesto entsteht in kurzer Zeit
ein total leckeres Essen, das sich nicht nur zur
Resteverwertung auszuprobieren lohnt.*

FÜR 1 BLECH

500 g Gemüse nach Wahl
1 große Zwiebel
2 Knoblauchzehen
1 TL Salz
2 EL Olivenöl
3–4 Zweige Rosmarin
1 Portion Pesto (Seite 208)

So wird welkes Gemüse wieder fit

Welkes Gemüse wird wieder knackig, wenn es
für etwa eine Stunde in kaltem Wasser eingelegt wird.
Danach einfach trocken tupfen und wie gewohnt zubereiten. Bei Petersilie, Spinat, Suppengrün, Kohl
oder Kartoffeln hat es sich für mich bewährt, sie etwa
30 Minuten in warmes Wasser zu legen und dann
erst für 30 Minuten in kaltes Wasser. Dadurch erhält
das Gemüse wieder eine feste Konsistenz.

Das Gemüse in feinere Scheiben schneiden. Wichtig
ist, dass sämtliches Gemüse ungefähr dieselbe Dicke
hat. Die Zwiebel achteln, den Knoblauch grob hacken.
Alles in einer großen Schüssel mit Salz, Öl und Rosmarin vermengen.

Das Gemüse auf einem Blech im Ofen bei
200 Grad Umluft 30 Minuten garen. Mit frischem
Pesto servieren.

Pasta mit Grün-kohl-Hanf-Pesto

Pasta mit Pesto ist immer eine gute Idee, wenn es schnell gehen soll. Und noch besser, wenn sich in der Sauce ganz viele gute Vitamine und Nährstoffe verstecken. Besonders die Hanfsamen sind mit ihrem hohen Eiweißanteil regelrechte Kraftpakete.

FÜR 2 PORTIONEN

Für das Pesto
2 Handvoll frischer Grünkohl
¼ Bund Petersilie
100 g Walnüsse
80 g Hanfsamen, geschält
1 Knoblauchzehe
3 EL Hefeflocken
½ Zitrone, Saft
3 EL kaltgepresstes Öl nach Wahl
Salz und Pfeffer

250 g Pasta

Hanfsamen – das neue regionale Superfood

Hanfsamen sind eine großartige Protein-quelle, da mehr als 25 Prozent ihrer Gesamtkalorien aus hochwertigem Protein stammen. Zudem sind sie außergewöhnlich reich an zwei essenziellen Fett-säuren: Linolsäure (Omega-6) und Alpha-Linolen-säure (Omega-3). Diese brauchen wir für eine gute Hirnfunktion. Hanfsamen gibt es geschält und unge-schält zu kaufen. Sie können sowohl für herzhafte als auch für süße Gerichte eingesetzt werden.

Den Grünkohl etwas zerkleinern und zusammen mit allen weiteren Zutaten mit dem Pürierstab oder im Blitzhacker zu einem Pesto verarbeiten.

Die Pasta nach Packungsanleitung kochen und mit dem Pesto servieren.

TIPP Hervorragend passt dazu der Walnuss-Parmesan von Seite 51.

Gebackene Paprika mit scharfem Reis

Manchmal kochen wir mehr, als wir essen können. Dies ist das perfekte Rezept zur Verwertung von Reis vom Vortag. Es ist so einfach und schnell zubereitet, dass es in jeden hektischen Alltag passt.

FÜR 2 PORTIONEN

2 Paprikaschoten
ca. 2 Handvoll Reis vom Vortag
3 EL Olivenöl
2 TL Harissa (Seite 210)
frische Kräuter, gehackt, nach Wunsch
Salz und Pfeffer

Die Paprika längs halbieren und von den Kernen befreien. Eine der Paprika fein hacken.

Den Reis in einer Pfanne im Öl anbraten. Das Harissa, die fein gehackte Paprika und falls vorhanden noch gehackte Kräuter dazugeben. Mit etwas Salz und Pfeffer abschmecken und 5 Minuten braten.

Die Reis-Gemüse-Mischung in die beiden Paprikahälften füllen und mit etwas Olivenöl beträufeln. Im Ofen bei 200 Grad Umluft 20 Minuten backen, bis die Haut der Paprika leichte Blasen wirft.

Ofenrösti mit Erbsen-Dip

Viele Klassiker lassen sich ganz einfach ohne tierische Produkte herstellen. Diese Rösti wird im Ofen statt in der Pfanne gebacken und gelingt immer. Wer es raffinierter mag, gibt zu den Kartoffeln noch ein paar geraspelte Karotten oder fein geschnittene getrocknete Tomaten dazu.

FÜR 2 PORTIONEN

Für die Rösti
3 festkochende Kartoffeln
1 Zwiebel
1 Leinsamen-Ei (Seite 59)
2 EL Rapsöl
2 EL Kartoffelstärke
Salz und Pfeffer

Für den Dip
100 g Erbsen, gefroren
5 EL Sojajoghurt
1 Knoblauchzehe
1 TL Tomatenmark
2 EL Olivenöl
Salz und Pfeffer

Kartoffeln und Zwiebel an der Röstiraffel in eine Schüssel reiben. Leinsamen-Ei, Öl und Kartoffelstärke dazugeben und mischen. Die Masse mit Salz und Pfeffer abschmecken, auf ein Backblech geben und etwas flach drücken.

Im Ofen bei 200 Grad Umluft 40 Minuten backen, bis die Rösti goldbraun ist.

Für den Dip alle Zutaten (die Erbsen gefroren) mit dem Pürierstab zerkleinern und zur fertigen Rösti servieren.

SNACKS UND DESSERTS

Die Rezepte in diesem Kapitel sind für all jene, die untertags immer mal wieder Heißhunger auf eine Kleinigkeit haben und dann schnell etwas Gesundes und Schmackhaftes zwischen die Zähne bekommen möchten. Es sind sowohl süße als auch salzige Snacks. Persönlich bin ich, wenn es um Naschereien geht, eher der herzhafte Typ. Anders mein Partner Chris, mein Bruder Mirco und meine beste Freundin Roxy, die sich netterweise durch alle Süßigkeiten geschlemmt haben, bevor ich die Rezepte nun hier an euch weitergebe. Besonders gut kam das Apfel-Birnen-Brot an – zugegeben auch einer meiner Favoriten. Denn wenn ich etwas nicht mehr sehen kann, dann Bananenbrot. Die Kombi aus Apfel und Birne, gepaart mit Zimt, ist nicht nur viel origineller, sondern eben auch lokaler.

Sehr ans Herz legen kann ich euch außerdem den Himbeer-Quark-Kuchen mit Streusel. Ein Rezept, mit dem ihr selbst eure Omas ins Schwärmen bringt. Meine ist auf jeden Fall begeistert. Nichts falsch machen könnt ihr außerdem mit den Süßkartoffel-Brownies. Die bringe ich auf jeden Geburtstag mit, weil sie einfach immer gut ankommen und niemand auch nur auf die Idee kommen würde, dass da weder Butter noch Eier drin sind.

Toasties mit Karotten- lachs

Das erste Mal ausprobiert habe ich dieses Rezept, als meine Mama zu Besuch war. Fast hätte sie mir geglaubt, dass ich ihr richtigen Fisch auftische. Dass es nicht Lachs sein konnte, war ihr klar. Aber wer weiß, vielleicht ein besonders nachhaltiger Fang aus der Region? Was soll ich sagen? Durch den Räuchergeschmack kommt der Karottenlachs eben sehr nah an das Original heran.

FÜR 8 BROTE

600 g Karotten
4 TL Salz

Für die Marinade
3 EL Olivenöl
1 EL Apfelessig
1 ½ EL Flüssigrauch (siehe Tipp)
½ TL Paprikapulver, geräuchert

8 Scheiben Brot
1 Handvoll Kapern
1 Zwiebel

Die Karotten ungeschält mit dem Salz einreiben und im Ofen bei 200 Grad Umluft 40 Minuten schmoren oder bis sie weich sind. Die Karotten schälen und mit dem Sparschäler oder einem scharfen Messer längs in sehr dünne Scheiben schneiden. (Je größer die Karotten, desto authentischer der »Lachs«.)

Für die Marinade Öl, Essig, Flüssigrauch und Paprikapulver vermengen. Die Karotten darin einlegen und zwei Tage in einem luftdichten Gefäß im Kühlschrank lagern; dabei immer wieder mal umdrehen, sodass die Marinade rundherum einziehen kann.

Brotscheiben mit dem Karottenlachs, Kapern und Zwiebelringen belegen. Wer möchte, streicht zuerst noch etwas vegane Mayonnaise aufs Brot.

TIPP Falls kein Flüssigrauch verfügbar ist, das Salz zum Einreiben der Karotten durch Rauchsalz ersetzen.

90 Prozent des Lachses stammt aus Aquakulturen
Der atlantische Wildlachs ist aufgrund von Umweltverschmutzung und Überfischung selten geworden. Somit kann der Bedarf nur über die Zucht gedeckt werden. 90 Prozent des im Supermarkt angebotenen Lachses stammt aus solchen Aquakulturanlagen in Nordeuropa und Chile. Diese Massentierhaltung hat viele Nachteile – für die Tiere, die Umwelt und unsere Gesundheit. Lachse aus Zuchten sind oft krank und werden mit Chemikalien behandelt. Dem Fischfutter wird zudem oft das schädliche Pflanzenschutzmittel Ethoxyquin beigemischt, um es haltbarer zu machen. Ethoxyquin steht unter Verdacht, krebserregend zu sein und die Leber zu schädigen.

Rosmarin-Karotten aus dem Ofen

Gebacken schmeckt alles besser. Das gilt auch für Karotten. Das Wurzelgemüse braucht dafür kein großes Tamtam – ein bisschen Öl, frische Kräuter und Salz – perfekt!

FÜR 2 PORTIONEN

6–8 Karotten
1 EL Olivenöl
1 ½ TL Birnendicksaft
3 Zweige Rosmarin, ganz
1 Knoblauchzehe, gehackt
Salz und Pfeffer

Die Karotten längs halbieren und mit den restlichen Zutaten vermengen und einreiben. Im Ofen bei 220 Grad Umluft 25 Minuten rösten.

Mit veganer Mayo (Seite 208) als Beilage oder Vorspeise servieren.

Melonen-Gurken-Salat mit Tofu

Die Charentais-Melone ist die kleinste Sorte aus der Familie der Zuckermelonen und wächst auch bei uns. Sie schmeckt intensiv süß und eignet sich besonders für einen leichten Sommersalat mit frischen Kräutern.

FÜR 2 PORTIONEN

10 Blätter Minze
12 Blätter Basilikum
1 EL Olivenöl
Pfeffer und Salz
200 g Tofu

1 Charentais-Melone
1 Gurke
½ TL Knoblauchpulver
1 Spritzer Zitronensaft
Olivenöl

So viel virtuelles Wasser steckt in einer Melone
Im Spätsommer gibt es Melonen regional und saisonal zu kaufen. Das restliche Jahr über werden sie über weite Strecken zu uns transportiert und verursachen damit eine hohe CO2-Belastung. Um eine Melone von einem Kilo zu erhalten, braucht es 200 Liter Wasser. Wenn diese Melone also zu uns transportiert wird, reisen virtuell 200 Liter Wasser mit. Die ökologisch beste Wahl ist die Biomelone aus dem eigenen Land, weil kein zusätzliches CO2 durch den Transport anfällt. Die Saison dafür ist kurz, aber die Früchte sind besonders schmackhaft.

Die Kräuter hacken und mit dem Olivenöl vermengen. Mit Salz und Pfeffer abschmecken. Den Tofu würfeln und in die Kräutermischung einlegen.
Die Melone entkernen und das Fruchtfleisch zu Kugeln ausstechen oder würfeln. Die Gurke ungeschält klein schneiden. Melone und Gurke zum Tofu geben, einmal umrühren und mit Knoblauchpulver, Zitronensaft und etwa zusätzlichem Öl abschmecken.

Blumenkohl-Wings

*Aus Blumenkohlröschen lassen sich im Hand-
umdrehen pflanzliche »Chicken Wings« zubereiten.
Die scharfe knusprige Marinade passt wunderbar
zur süßlichen Füllung. Ob das Ganze nun nach Huhn
schmeckt oder nicht, bleibt euch überlassen.*

FÜR 2 PORTIONEN

Für die Wings
1 Blumenkohl
100 ml Hafermilch
1 Knoblauchzehe, gehackt
4 EL Hefeflocken
6 EL Dinkelmehl
¼ TL Chiliflocken
2 TL Harissa (Seite 210)
2 TL Olivenöl
Pfeffer und Salz

Für den Dip
150 g Joghurt
1 TL Harissa
1 EL Tahini
Salz und Pfeffer

Den Blumenkohl in mundgerechte Röschen schneiden. Die Hafermilch mit allen weiteren Zutaten zu
einer dickflüssigen Sauce anrühren und den Blumenkohl darin wenden. Auf ein Blech geben und im Ofen
bei 200 Grad Umluft 25 Minuten backen.

Die Zutaten für den Dip gründlich verrühren
und zum Blumenkohl servieren.

Panierte Polenta-Auberginen mit Tomatenchutney

Außen knusprig, innen zart und weich: Diesem Snack kann niemand widerstehen. Habt ihr schon einmal mit Polenta paniert? Es lohnt sich.

FÜR 2 PORTIONEN

Für das Chutney
400 g Cherrytomaten
1 Zwiebel
1 Knoblauchzehe
1 EL Olivenöl
2 EL Rohrzucker
1 TL Birnendicksaft
1 Zweig Rosmarin
3 Zweige Thymian
Salz und Pfeffer

Für die Auberginen
1 Aubergine
3 EL Hafermilch
60 g Polenta
4 EL Hefeflocken
½ TL Paprikapulver
½ TL Knoblauchpulver
Salz und Pfeffer

Für das Chutney die Tomaten im Ofen bei 220 Grad Umluft 20 Minuten rösten, bis die Haut nahezu schwarz ist. Die Zwiebel würfeln, den Knoblauch hacken und beides im Olivenöl erhitzen. Die Tomaten häuten, dazugeben und mitrösten. Den Zucker hinzufügen und weiter köcheln lassen. Die restlichen Zutaten beigeben und alles 20 Minuten einkochen, bis die Konsistenz dicker wird. Die Kräuterzweige entfernen und das Chutney in ein Schraubglas abfüllen.

Die Auberginen in dicke Scheiben und diese in längliche Stücke schneiden, in der Hafermilch wenden. Die Polenta mit allen weiteren Zutaten mischen und die Auberginen damit panieren. Im Ofen bei 200 Grad Umluft 25 Minuten backen. Mit dem Tomatenchutney servieren.

Knusprige Honig-Curry-Kichererbsen

Kichererbsen statt Chips: Wenn es um eine leckere Knabberei vor dem Fernseher geht, dann sind die Hülsenfrüchte eine gute Alternative zu gekauften Snacks. Sie haben nicht nur jede Menge Eiweiß, sondern enthalten auch viele wertvolle Spurenelemente wie Eisen, Magnesium und Zink.

FÜR 2 PORTIONEN

300 g Kichererbsen
2 TL Birnendicksaft
1 EL Olivenöl
½ TL Paprikapulver, geräuchert
½ TL Knoblauchpulver
½ TL Kreuzkümmel
1 TL Kurkumapulver
½ TL Salz

Die Kichererbsen einweichen und kochen, wie unten beschrieben, abtropfen und auskühlen lassen.

Die Kichererbsen mit den restlichen Zutaten in einer Schüssel vermengen, auf einem Blech verteilen und im Ofen bei 200 Grad Umluft 20 Minuten knusprig backen. Kurz auskühlen lassen und noch warm als Snack genießen.

Weniger Blähungen: Kichererbsen selbst einweichen und kochen

Oft greifen wir aus Faulheit auf bereits gekochte Kichererbsen aus der Dose zurück. Das Einweichen und Kochen der Kichererbsen nimmt schließlich einige Zeit in Anspruch. Aber es lohnt sich: Selbst gekochte Hülsenfrüchte sind viel besser verträglich. Dafür die Kichererbsen in einem Topf mit der doppelten Menge Wasser bedecken und mindestens zwölf Stunden quellen lassen. Nach dem Einweichen das Einweichwasser wegschütten und die Kichererbsen gut abspülen. Nun müsst ihr sie nur noch in frischem Wasser ungefähr 45 Minuten kochen und könnt sie dann für alle möglichen Gerichte verwenden.

Apfel-Birnen-Brot

Bananenbrot kann ich inzwischen echt nicht mehr sehen. Zu oft gebacken, zu oft gegessen. Regionaler und erst noch schmackhafter ist dieses Apfel-Birnen-Brot. Es besteht nicht nur aus vorwiegend lokalen Zutaten, sondern ist auch frei von Gluten und raffiniertem Zucker.

FÜR 1 BROT

220 g Apfel
100 g Birne
1 ½ TL Zimt
1 EL Sonnenblumenöl
30 g Rosinen
50 g Walnüsse
2 EL Birnendicksaft
1 Prise Nelkenpulver
4 EL Apfelmark (ungesüßtes Apfelmus)
2 Leinsamen-Eier (Seite 59)
150 g Haferflockenmehl (oder Dinkelmehl)
100 ml Hafermilch
1 TL Backpulver

Äpfel und Birnen entkernen, ungeschält klein schneiden und zusammen mit dem Zimt und etwas Öl in einer Pfanne 5 Minuten anbraten. Die Rosinen dazugeben und weitere 5 Minuten dünsten. Die Walnüsse hacken und die gedämpften Früchte mit allen weiteren Zutaten in einer großen Schüssel verrühren.

Den Teig in eine ausgefettete Cake-/Kastenbackform (von 20 cm Länge) füllen. Im Ofen bei 180 Grad Umluft 30 Minuten backen.

Himbeer-Quark-Kuchen mit Streusel

Dieses Dessert vereint so ziemlich alles, was ich liebe: Beeren, Quark und Streusel. Das kann nur gut schmecken! Dieser Blechkuchen ist zudem sehr schnell gemacht und eignet sich perfekt als Mitbringsel für jede Einladung.

FÜR 1 MITTLERES KUCHENBLECH (20 × 30 CM)

600 g Himbeeren
3 TL Birnendicksaft
200 g Haferflocken
150 g Walnüsse
80 g Dinkelmehl (oder Maismehl)
120 g Rohrzucker
1 Prise Salz
½ TL Zimt
150 g Margarine, zimmerwarm

400 g Seidentofu
60 g Rohrzucker
½ Zitrone, Abrieb und Saft
1 EL Maisstärke

Die Himbeeren mit dem Birnendicksaft in einer Pfanne erwärmen und beiseitestellen.

Im Mixer (Blitzhacker) die Haferflocken zu Mehl mahlen und in eine große Schüssel geben. Die Walnüsse ebenfalls mahlen und dazugeben. Dinkelmehl, Rohrzucker (120 g), Salz und Zimt beifügen. Alles mit der zimmerwarmen Margarine mit den Händen zu einem Teig verkneten.

Den Seidentofu mit Rohrzucker (60 g), Zitronensaft und -abrieb sowie der Maisstärke mit dem Mixer oder dem Handrührgerät zu einer flüssigen Creme schlagen.

Ein Blech fetten. Zwei Drittel des Teigs als Boden darauf verteilen und festdrücken. Die Creme daraufgießen und die Himbeeren mit einem Löffel vorsichtig darauf verteilen. Anschließend den Rest des Teigs mit den Fingern zu Klümpchen zerteilen und als Crumble auf den Kuchen geben. Im Ofen bei 185 Grad Umluft 30 Minuten backen.

Margarine statt Butter – warum überhaupt?
Die Milchproduktion geschieht meist in industrieller Massentierhaltung, die mit viel Tierleid verbunden ist. Margarine ist außerdem tatsächlich umweltfreundlicher. Je nach Produkt geht die Herstellung von einem Kilogramm Margarine mit gut einem Kilogramm CO_2-Emissionen einher. Für ein Kilogramm Butter sind es fast 25 Kilo CO_2.

Süßkartoffel-Brownies

Ihr seid eingeladen bei Freunden oder Familie und seid zuständig für das Dessert? Dann kommen diese gesünderen Brownies wie gerufen. Hauptprotagonist ist die Süßkartoffel, die auch hierzulande wächst und von Natur aus eine leichte Süße mitbringt.

FÜR 1 KUCHENBLECH (20 × 30 CM)

600 g Süßkartoffeln
65 g Birnendicksaft
80 g Rohrzucker
3 EL Apfelmus
10 EL Kakaopulver, stark entölt
150 g Haselnüsse
150 g Haferflocken
4 EL Sonnenblumenöl
1 Prise Salz
100 g dunkle Schokolade
100 g Walnüsse

Die Süßkartoffeln mit der Schale im Ofen bei 200 Grad Umluft 30 Minuten backen (oder bis sie weich sind). Kurz auskühlen lassen, schälen und dann im Standmixer mit Birnendicksaft, Rohrzucker, Apfelmus und Kakaopulver mixen.

Die Haselnüsse und die Haferflocken mahlen. Die Süßkartoffelmasse in einer Schüssel mit den Haselnüssen und Haferflocken vermengen. Öl und Salz dazugeben, gut umrühren. Zum Schluss die Schokolade und die Walnüsse hacken und unterheben.

Den Teig in die gefettete Backform geben und die Brownies im Ofen bei 200 Grad Umluft 35 Minuten backen.

Geröstete Früchte mit Buchweizen-Mascarpone

*Eine Creme aus Sonnenblume oder Buchweizen?
Ja, richtig gelesen. Das schmeckt unglaublich
lecker und leicht nussig. Zusammen mit würzigen
Früchten aus dem Ofen ist es das ideale Dessert,
um Gäste zu überraschen.*

FÜR 3–4 PORTIONEN

Für den Mascarpone
100 g Sonnenblumenkerne
50 g Buchweizen
200 g Seidentofu
1 Zitrone, Abrieb und Saft
4 EL Rohrzucker
½ TL Birnendicksaft
1 Prise Salz

8 Pflaumen oder Zwetschgen
2 Birnen
1 EL Sonnenblumenöl
2 TL Birnendicksaft
3 Zweige Thymian
1 Zweig Rosmarin
60 g Haselnüsse

Für den Mascarpone Sonnenblumenkerne und
Buchweizen 2 Stunden in Wasser einlegen, dann
abgießen und durchspülen. Im Mixer zusammen
mit Seidentofu, Zitronenabrieb und -saft, Rohrzucker,
Birnendicksaft und Salz zu einer homogenen und
cremigen Masse verarbeiten. Kühl stellen.

Die Früchte entsteinen bzw. entkernen und
vierteln oder achteln. Mit Sonnenblumenöl,
Birnendicksaft und den Kräuterzweigen vermengen
und auf ein Blech geben. Im Ofen bei 200 Grad
Umluft 20 Minuten backen.

Auf dem Mascarpone servieren.

Einfacher Zwetschgen-Crumble

Regionales Steinobst schmeckt mir als Crumble besonders gut. Meine Version ist glutenfrei und innerhalb von 10 Minuten im Ofen. Ein tolles Blitzrezept für alle, die nicht gern lange in der Küche stehen. Ideal, wenn unerwartet Besuch kommt oder sehr reifes Obst schnell verwertet werden soll.

FÜR 1 BROWNIEBLECH (25 × 30 CM)

Für Boden und Streusel
50 g Haferflocken
2 TL Zimt
1 Prise Salz
2 EL Birnendicksaft
2 EL Rohrzucker
3 EL Sonnenblumenöl
50 ml Hafermilch

Für die Füllung
400 g Zwetschgen
1 TL Zimt
1 TL Birnendicksaft

Für Boden und Streusel die Hälfte der Haferflocken im Mixer zu Mehl verarbeiten (alternativ stattdessen Dinkelmehl verwenden). Die Flocken und das Mehl mit den restlichen Zutaten in einer Schüssel zu einem Teig verkneten. Zwei Drittel davon in eine ausgefettete Backform geben und gut andrücken.

Die Zwetschgen halbieren, entsteinen und mit Zimt und Birnendicksaft vermengen. Die Früchte auf dem Teigboden verteilen. Den restlichen Teig zwischen den Fingern zu Bröseln verarbeiten und diese als Streusel über die Zwetschgen verteilen.

Im Ofen bei 180 Grad Umluft 25 Minuten backen.

Kaiserschmarrn mit Zwetschgenröster

Dieses Rezept widme ich meiner Oma. Es erinnert mich an wunderschöne Ferien in Bregenz am Bodensee und an unsere gemeinsame Reise nach Wien.

FÜR 2 PORTIONEN

300 g Zwetschgen
75 g Rohrzucker
1 Messerspitze Nelkenpulver
2 TL Zimt
2 EL Apfelsaft

Für den Kaiserschmarrn
250 ml Hafermilch
60 g Dinkelmehl
50 g Rohrzucker
3 Leinsamen-Eier (Seite 59)
65 g Margarine oder vegane Butter
etwas Puderzucker

Die Zwetschgen halbieren und entsteinen. Mit Zucker, Nelkenpulver, Zimt und Apfelsaft mischen. In eine ofenfeste Form geben und im Ofen bei 220 Grad Umluft 25 Minuten backen. Den Zwetschgenröster abkühlen lassen.

Für den Kaiserschmarrn Hafermilch, Mehl und Zucker mit einem Schneebesen zu einem glatten Teig rühren, die Leinsamen-Eier dazugeben.

40 g Margarine in einer Pfanne schmelzen und den Pfannkuchenteig darin von jeder Seite 2 Minuten ausbacken, die restliche Margarine nach dem Wenden dazugeben. Die Pfannkuchen in Stücke rupfen und mit Puderzucker bestäuben. Mit dem lauwarmem Zwetschgenröster servieren.

Apfel-Cheesecake mit Mürbeteig

Mein absoluter Lieblingskuchen war schon immer Käsekuchen. Schon bevor ich auf eine rein pflanzliche Ernährung umgestiegen bin, habe ich mich immer wieder an einem veganen Cheesecake versucht. Dieses Rezept wurde also über die Jahre hinweg immer wieder verbessert und neu interpretiert. Das Schöne daran ist, dass der Fruchtanteil je nach Saison angepasst werden kann.

FÜR 1 SPRINGFORM (26 CM DURCHMESSER)

Für den Mürbeteigboden
250 g Dinkelmehl
80 g Margarine
110 g Rohrzucker
100 ml Hafermilch
1 Prise Salz

Für die Apfelfüllung
2 saure Äpfel
1 EL Rapsöl
2 TL Birnendicksaft
¾ TL Zimt

Für die Quarkfüllung
400 g Seidentofu
200 g Sojajoghurt
50 g Margarine, geschmolzen
1 Zitrone, Abrieb
70 g Rohrzucker
2 TL Johannisbrotkernmehl
1 Prise Salz

Für den Mürbeteig alle Zutaten miteinander zu einem Teig kneten. Die Kuchenform fetten, den Mürbeteig hineingeben und mit den Händen einen gleichmäßigen Boden und einen hohen Rand formen. Mit einer Gabel mehrmals einstechen und kühl stellen.

Die Äpfel entkernen und in kleine Stücke schneiden. In einer Pfanne mit Öl, Birnendicksaft und Zimt 5 Minuten anbraten. Auf dem Mürbeteigboden verteilen.

Für die Quarkfüllung alle Zutaten mit dem Handrührgerät oder im Standmixer zu einer cremigen Masse mixen. Über die Äpfel gießen und glatt streichen. Den Kuchen in der Mitte des Ofens bei 200 Grad Umluft 40 Minuten backen. Anschließend im ausgeschalteten, aber noch warmen Ofen weitere 30 Minuten stehen lassen, dann herausnehmen, auskühlen lassen und über Nacht in den Kühlschrank stellen. Am nächsten Tag ist der Cheesecake schön fest und saftig.

Das beste Schokoladen-mousse der Welt

LIEBLINGSREZEPT
GANZJÄHRIG
GLUTENFREI
EIWEISSREICH
UNTER 30 MINUTEN

Als ich Chris fragte, welches Rezept unbedingt mit ins Buch müsse, nannte er sofort das Schokoladen-mousse. Eine durchaus nachvollziehbare Wahl. Schon seit Jahren ist es eines unserer Lieblingsdes-serts, und wir bringen es zu fast jeder Familien-feier mit. Inzwischen hat es sich sogar seinen festen Platz im Weihnachtsmenü gesichert.

FÜR 2–3 PORTIONEN

100 g dunkle Schokolade (Fairtrade)
400 g Seidentofu
200 ml Sojasahne
3 TL Kakaopulver
1 Prise Salz
2 EL Birnendicksaft
2 TL Maisstärke

Welche Schokolade ist wirklich fair?

In keinem anderen Land wird pro Kopf so viel Schokolade gegessen wie in der Schweiz. Leider gibt es aber gerade auf dem Kakaomarkt eine Macht-konzentration auf einige wenige große Konzerne. Für Kleinbauern bleibt da nicht mehr viel Verdienst übrig, sie leiden unter den niedrigen Kakaopreisen. Wer Schokolade kauft, sollte daher unbedingt auf eine Bio- und Fairtrade-Zertifizierung achten. Dass das noch zu wenige Konsumenten und Konsumentinnen tun, zei-gen die Zahlen. Der Marktanteil von fair gehandelter Schokolade liegt bei lediglich 7 Prozent, bei Biocho-kolade immerhin bei 16 Prozent.

Die Schokolade in einem Wasserbad schmelzen.

Die Sojasahne aufschlagen. Anschließend Seidentofu und Kakaopulver dazugeben und ebenfalls im Standmixer oder mit dem Handrührgerät verrüh-ren, bis eine cremige Masse entsteht. Die geschmol-zene Schokolade, Salz, Birnendicksaft und Maisstärke unterheben und auf höchster Stufe 2 Minuten mixen. Die Masse sollte dickflüssig und cremig, aber noch nicht stichfest sein.

Die Masse in Gläser füllen und mindestens 4 Stunden oder über Nacht kühl stellen. Mit frischen Früchten, veganer Schlagsahne oder karamellisierten Nüssen garniert genießen.

Kürbis-Zimt-Schnecken

*Spätestens seit unserer Reise durch Schweden
bin ich süchtig nach Zimtschnecken. Und weil meine
Liebe zum Kürbis genauso groß ist wie jene für
das schwedische Gebäck, wird in diesem Rezept
beides vereint. Doppelt lecker!*

FÜR 6–8 ZIMTSCHNECKEN

500 g Hefeteig (Grundrezept wie bei Brötchen
  mit Körnern, Seite 45)
zusätzlich 2 EL Rohrzucker
2 EL Kürbispüree (Seite 73)
70 g Margarine
4 EL Rohrzucker
3 TL Zimt

100 g Sonnenblumenkerne
1 ½ EL Puderzucker

Die Sonnenblumenkerne mindestens 3 Stunden
in kaltem Wasser einweichen.

Den Hefeteig nach dem Rezept Seite 45
mit 2 zusätzlichen Esslöffel Zucker für mehr Süße
zubereiten und anschließend mit dem Kürbispüree
verkneten. Bei Bedarf etwas mehr Mehl dazugeben.
Den Teig zugedeckt 2 Stunden an einem warmen Ort
aufgehen lassen.

Den Teig 1 cm dick ausrollen. Margarine, Zucker
und Zimt mischen, den Teig damit bestreichen, auf-
rollen, in 6–8 Schnecken schneiden
und diese in eine gefettete Form geben. Im Ofen
bei 180 Grad Umluft 25 Minuten backen.
Abkühlen lassen.

Das Wasser der Sonnenblumenkerne abgießen
und diese mit einem Schluck frischem Wasser im
Mixer zu einer Art Frischkäse verarbeiten, den Puderzucker unterheben. Die ausgekühlten Schnecken
damit bestreichen. Alternativ können die Schnecken
auch mit einer Zuckerglasur aus Puderzucker, Wasser
und Zitronensaft bestrichen werden.

Knuspriges Körner-Knäckebrot

Seit unserer Reise mit dem Campervan durch Schweden sind Chris und ich süchtig nach Knäckebrot. Am besten schmeckt es natürlich selbstgemacht. Das Tolle daran ist, dass ihr es dann ganz nach eurem Geschmack würzen könnt. Wie wäre es beispielsweise mit italienischen Kräutern oder mit einem Currymix?

FÜR 1 BLECH

200 g Sonnenblumenkerne
70 g geschrotete Leinsamen
70 g Buchweizen
8 EL Hafermehl
220 ml Wasser
¾ TL Kurkumapulver
½ TL Knoblauchpulver
½ TL Paprikapulver
1 TL Salz

Alle Zutaten in eine Schüssel geben und gut verrühren. 15 Minuten quellen lassen. Der Teig sollte streichbar sein. Ist er zu fest, einfach etwas mehr Wasser nachgießen.

Den Teig auf ein Blech geben und ungefähr 2 mm dick glatt streichen. Im Ofen bei 170 Grad Umluft 15 Minuten backen. Herausnehmen und in Stücke schneiden. Dann weitere 20 Minuten backen.

Besonders lecker schmeckt das Knäckebrot mit einem Süßkartoffel-Mais-Aufstrich (Seite 205).

Rohe Aprikosen-Walnuss-Riegel

Für einen schnellen Energieschub unterwegs stelle ich gern meine eigenen Riegel her. Ihr könnt sie auch zu kleinen Bällchen formen. Der perfekte Snack für zwischendurch.

FÜR 10–12 RIEGEL

200 g Haferflocken
200 g getrocknete Aprikosen
200 g Walnüsse
60 g Haselnüsse
2 EL Birnendicksaft
2 Prisen Salz
50 g Hanfsamen
50 g Buchweizen
Kakaopulver oder Zimt nach Wunsch

Es müssen nicht immer Datteln sein
Die meisten rohen Energieriegel, die es zu kaufen gibt, bestehen hauptsächlich aus Datteln und in seltenen Fällen aus Feigen. Die lokalen Alternativen sind getrocknete Aprikosen, Pflaumen oder auch Äpfel. Auch damit lassen sich wunderbar leckere Fruchtriegel herstellen. Wer dennoch Datteln bevorzugt, sollte diese unbedingt in Bioqualität kaufen. Datteln sind sehr anfällig auf Schädlinge und werden daher gerne mit Kohlendioxid behandelt, welches extrem schädlich für die Atmosphäre ist.

Alle Zutaten im Standmixer oder in der Küchenmaschine (Blitzhacker) zu einer einheitlichen Masse vermahlen. Gleichmäßig in eine quadratische Form füllen (ca. 20 × 20 cm), flach drücken und über Nacht kühl stellen.

Mit einem scharfen Messer in Riegel schneiden. Im Kühlschrank lagern und innerhalb von 2 Wochen aufbrauchen.

Zweierlei Energiekugeln

Bliss Balls zu rollen ist für mich die pure Entspannung. Ich bereite sie gerne an einem regnerischen Wochenende vor und bin so die ganze Woche über mit einem gesunden Snack versorgt. Ob fruchtig oder schokoladig – die Energiebällchen können ganz nach eurem Geschmack verändert werden. Jeder der Teige ergibt 12 Stück.

ZITRONE-HANF

120 g Aprikosen
100 g Walnüsse
50 g Hanfsamen
30 g Kürbiskerne
50 g Haferflocken
20 g Leinöl
1 Prise Salz
½ Zitrone, Saft und Abrieb

Die Zutaten für den jeweiligen Teig in einem leistungsstarken Mixer zu einer klebrigen Masse verarbeiten. Aus der Masse mit kalten, trockenen Händen Kugeln rollen.

Im Kühlschrank halten sie sich gut 2 Wochen – meistens sind sie aber schon vorher weggenascht.

NUSS-NOUGAT

120 g Rosinen
100 g Haselnüsse
30 g Sonnenblumenkerne
50 g Haferflocken
20 g Kakao
20 g Leinöl
1 Prise Salz
1 TL Zimt

Kurkuma-Zimt-Latte

Es muss nicht immer Kaffee sein. Eine tolle und gesunde Alternative ist Kurkuma-Zimt-Latte. Er schmeckt an kalten Tagen heiß und bei warmen Temperaturen auch kalt mit Eiswürfeln.

FÜR 1 TASSE

250 ml Hafermilch
1 TL Birnendicksaft
½ TL Kurkumapulver
½ TL Zimt
1 cm frischer Ingwer, geschält, gehackt
1 Prise Pfeffer

Die Hafermilch in einem kleinen Topf erhitzen. Die restlichen Zutaten beifügen, gut umrühren und 3 Minuten ziehen lassen. Den Ingwer entfernen. Die Milch mit einem Schneebesen aufschäumen und heiß servieren.

TIPP Das Getränk schmeckt auch kalt gut. Und wer Kürbispüree übrig hat, kann zusätzlich einen Löffel davon mit hineingeben und sich einen leckeren Pumpkin Spice Latte zaubern.

AUFSTRICHE, DIPS UND SAUCEN

Dieses Kapitel ist wohl mit das wichtigste in diesem Buch. Denn selbst eingefleischte Pflanzenesserinnen tun sich oft sehr schwer damit, wirklich gute und leckere Aufstriche, Dips und Saucen zu kreieren. Häufig bleibt es für Salate dann bei Essig und Öl und für die Brotzeit greift man auf gekaufte Aufstriche zurück. Das muss nicht sein. Gerne möchte ich meine liebsten Rezepte mit euch teilen, die fast jedes Gericht aufmotzen und schon die einfachsten Speisen zu einem Festmahl werden lassen. Dazu gehören auch meine vier liebsten Salatsaucen, die ihr auf Vorrat herstellen könnt. Außerdem findet ihr in diesem Kapitel ein Pesto, zwei Chutneys und weitere Dips, die mit saisonalem Gemüse hergestellt werden. Außerdem gibt's eine vegane Mayonnaise, einen käsigen Nacho-Dip und eine rassige Harissa-Jogurt Sauce.

Zucchini-Dip

In den Sommermonaten sind Zucchini eines der günstigen Gemüse. Ihr könnt diesen Dip sogar auf Vorrat einfrieren, sodass ihr ihn auch im Winter genießen könnt. Alternativ können die Zucchini auch durch gekochte Tellerlinsen und etwas Wasser ersetzt werden – das geht das ganze Jahr über.

FÜR 1 GLAS

300 g Zucchini
Olivenöl
2 Knoblauchzehen
1 Zitrone, Saft
3 EL Tahini
½ Bund Koriander
1 TL Salz
½ TL Kreuzkümmel
¾ TL Paprikapulver
etwas Pfeffer

Die Zucchini längs halbieren und nochmals vierteln. Mit etwas Olivenöl bestreichen und im Ofen bei 200 Grad Umluft 20 Minuten backen. Dann mit den restlichen Zutaten pürieren.

Den Dip luftdicht verschlossen im Kühlschrank aufbewahren.

Passt hervorragend auf Brot, zu Knäckebrot oder zu Gemüsesticks.

Süßkartoffel-Mais-Aufstrich

Die süßliche Kombination von Süßkartoffeln und Mais macht sich auf Sauerteigbrot besonders gut. Ein paar frische Kräuter dazu, und fertig ist der leckere Snack.

FÜR 1 GLAS

1 große Süßkartoffel (ca. 400 g)
80 g Maiskörner
½ Zitrone, Saft
2 EL Olivenöl
½ TL Kurkumapulver
½ TL Paprikapulver
Salz und Pfeffer
etwas Harissa nach Wunsch (Seite 210)

Die Süßkartoffel im Ofen bei 220 Grad Umluft etwa 35 Minuten backen. Die Süßkartoffel anschließend schälen und mit den restlichen Zutaten pürieren.

Den Aufstrich zusammen mit frisch gehackten Kräutern auf Brot streichen.

Den Rest luftdicht verschlossen im Kühlschrank aufbewahren.

Muhammara

Harissa-Joghurt-Dip

Muhammara ist ein orientalischer Paprika-Walnuss-Aufstrich. Obwohl der Name exotisch klingt, kommt er hauptsächlich mit regionalen Zutaten aus. Wusstet ihr übrigens, dass Paprika mehr Vitamin C enthält als Zitrusfrüchte?

Diesen Dip reiche ich besonders gerne zu Ofengemüse, Kartoffeln, Bratlingen oder einem Burger. Die Kombi aus cremigem Joghurt und feurigem Harissa passt wunderbar zusammen.

FÜR 1 GLAS

2 rote Paprika
1 Knoblauchzehe
80 g Walnüsse
½ Zitrone, Saft
¾ TL Salz
2 EL Olivenöl
etwas Harissa nach Wunsch (Seite 210)

FÜR 1–2 PORTIONEN

1 Knoblauchzehe
6 EL Sojajoghurt
1 TL Harissa (Seite 210)
1 EL Tahini
½ Zitrone, Saft
½ TL Birnendicksaft
½ TL Paprikapulver
Salz und Pfeffer

Die Paprika längs halbieren, entkernen, mit etwas Öl bestreichen und im Ofen bei 200 Grad Umluft 15–20 Minuten backen. Wenn die Haut langsam Blasen bildet, das Gemüse aus dem Ofen nehmen, die Haut entfernen und die Paprika mit den restlichen Zutaten grob pürieren.

Schmeckt hervorragend als Brotaufstrich, als Beilage zu Salaten oder anderen orientalisch ange-hauchten Gerichten oder als Pesto zu Pastagerichten.

Den Aufstrich luftdicht verschlossen im Kühlschrank aufbewahren.

Den Knoblauch fein hacken und mit den restlichen Zutaten mithilfe einer Gabel gründlich zu einem Dip verrühren.

Käsiger Nacho-Dip

In diesen Dip könnte ich mich hineinlegen. Er schmeckt so wunderbar käsig, dass ich echt froh bin zu wissen, was wirklich drin ist. Ansonsten hätte ich wohl Zweifel daran, dass er tatsächlich vegan ist.

FÜR 2–3 PORTIONEN

150 g Sonnenblumenkerne
30 g Hefeflocken
½ Knoblauchzehe
½ Zitrone, Saft
1 TL Paprikapulver, geräuchert
1 TL Salz
¼ TL Kurkuma (für die Farbe)
etwas Chilipulver nach Wunsch

Die Sonnenblumenkerne mehrere Stunden in kaltem Wasser einweichen oder mit heißem Wasser übergießen und 10 Minuten quellen lassen. Abtropfen lassen und anschließend mit den restlichen Zutaten zu einem Dip mixen.

Der Dip passt wunderbar zu Tacos oder anderen mexikanisch angehauchten Gerichten. Er schmeckt auch lecker zu selbst gemachtem Knäckebrot oder knusprigen Gemüsechips aus dem Ofen.

Sonnenblumenkerne statt Cashews: Die bessere Alternative

Anbau und Ernte von Cashewkernen sind aufwendig und mühsam und erfolgen zudem leider auch oft unter schlechten, menschenunwürdigen Arbeitsbedingungen. Die Erntehelfer werden nur kärglich bezahlt, und in der Weiterverarbeitung sind die Arbeiter den bei der Röstung entstehenden schädlichen Dämpfen des toxischen Schalenöls ausgesetzt. Hinzu kommt, dass die Cashews einen langen Transportweg haben, bis sie bei uns sind, was sich negativ auf ihre Ökobilanz auswirkt. Die regionale Alternative sind Sonnenblumenkerne. Auch aus ihnen lassen sich viele tolle vegane Ersatzprodukte wie Frischkäse, Sahne oder Dips herstellen.

ZERO WASTE
WARME JAHRESZEIT
LOKALES SUPERFOOD
GLUTENFREI
EIWEISSREICH
UNTER 30 MINUTEN

Pflanzliche Mayonnaise

No-Waste-Pesto

Mayonnaise oder Ketchup? Als Kind mochte ich Mayo aufgrund des Eiergeschmacks gar nicht. Inzwischen habe ich sie aber für mich wiederentdeckt – natürlich in einer pflanzlich abgewandelten Form, die aber ziemlich gut ans Original herankommt. Sie eignet sich perfekt für Salatsaucen, zum Verfeinern von Dips oder pur zu Kartoffel-Wedges.

Was macht ihr mit dem Grün von Radieschen oder Karotten? Bei mir gibt es daraus jeweils ein leckeres Pesto. Natürlich könnt ihr auch übrig gebliebenen Spinat, Rucola oder Grünkohl dafür verwenden. Oder auch frische Kräuter.

FÜR 1 GLAS

FÜR 1 GLAS

200 g Seidentofu
1 TL Apfelessig
½ TL Senf
150 ml Raps- oder Sonnenblumenöl
Salz

2 Handvoll frisches Blattgrün nach Wahl
¼ Bund Petersilie oder Basilikum
120 g Pinienkerne
80 g Hanfsamen, geschält
1 Knoblauchzehe
4 EL Hefeflocken
1 Zitrone, Saft
4 EL Öl nach Wahl, kaltgepresst

Alle Zutaten bis auf das Öl in ein hohes Gefäß geben und mit dem Pürierstab mixen. Nach und nach das Öl dazugeben und weitermixen, bis die Mayonnaise dicker wird und dann nochmals 1 Minute weiter pürieren. Mit Salz abschmecken und im Kühlschrank aufbewahren.

Alle Zutaten zusammen mit dem Pürierstab zu einem Pesto verarbeiten.

Passt zu Pasta oder auf geröstetes Brot und lässt sich auch wunderbar einfrieren.

Harissa

Birnen-Chutney mit Knoblauch

Harissa ist mein Alleskönner beim Würzen, ich verfeinere so ziemlich jedes herzhafte Gericht damit. Wenn auch ihr ein wenig Schärfe mögt, legt euch unbedingt einen Vorrat davon an. Ihr könnt es auch super einfrieren und als Currypaste verwenden.

Dieses Chutney-Rezept hat es mir besonders angetan. Wer Knoblauch mag, kann damit gar nichts falsch machen. Chutneys könnt ihr zu diversen Speisen reichen oder auch als Brotaufstrich verwenden.

FÜR 1 KLEINES GLAS

100 g getrocknete Chilischoten
  oder 15 frische Chilischoten
1 kleine Paprika
3 Knoblauchzehen
½ TL Kreuzkümmel
½ TL Koriander
½ TL Salz
400 ml Wasser
½ Zitrone, Saft
3 EL Olivenöl

FÜR 1 GLAS

500 g Birnen
1 saurer Apfel
3 Knoblauchzehen
2 Zwiebeln
1 Zitrone, Abrieb und Saft
1 cm frischer Ingwer, geschält und gehackt
50 g Rosinen
1 Chilischote, entkernt und gehackt
1 TL Senfkörner
150 ml Weißweinessig
100 g Rohrzucker

Die Chilis längs aufschneiden und die Samenkerne entfernen. Danach 15 Minuten in heißem Wasser einweichen. Die Paprika entkernen. Chilis und Paprika mit allen weiteren Zutaten pürieren, bis eine Paste entsteht.

Entweder sofort verwenden oder mit Öl bedeckt im Kühlschrank lagern. Die Paste hält sich mehrere Monate.

Die Birnen und den Apfel entkernen und in kleine Stücke schneiden. Den Knoblauch und die Zwiebeln würfeln und fein hacken. Zusammen mit allen weiteren Zutaten in einen Topf geben und aufkochen, dann bei reduzierter Hitze 30 Minuten köcheln lassen, dabei ab und an umrühren.

Das Chutney in heiß ausgespülte Gläser abfüllen und diese gut verschließen. Im Kühlschrank aufbewahren.

Kürbispüree

Kürbispüree ist ein echter Allrounder für süße Speisen. Ich verwende es als Ersatz für Bananen in Smoothies, zum Backen, um Hefeteig eine schöne Farbe und einen extra zimtigen Geschmack zu verleihen oder einfach als Aufstrich. So oder so lohnt es sich, das Püree selbst zuzubereiten und es für das ganze Jahr einzufrieren.

FÜR 1 GROSSES GLAS

1 mittelgroßer Oranger Knirps oder Hokkaido-Kürbis
1 ½ EL Birnendicksaft
1 TL Zimt
1 Prise Nelkenpulver
1 Prise Kardamom
1 Prise Salz

Den Kürbis ungeschält würfeln und im Ofen bei 200 Grad Umluft 20 Minuten backen, bis er schön weich ist. Anschließend mit den restlichen Zutaten pürieren.

In einem luftdicht verschlossenen Behälter im Kühlschrank aufbewahren. Das Püree kann auch eingefroren werden.

AUFSTRICHE, DIPS UND SAUCEN

Drei Salatsaucen für jeden Geschmack

Rohkost in den Speiseplan zu integrieren, ist nicht nur sehr gesund, sondern auch sehr lecker. Aber natürlich nur, wenn auch das Dressing stimmt. Diese Saucen holen aus jedem Grünzeug das Beste heraus – versprochen!

HIMBEER-VINAIGRETTE

100 g Himbeeren, gefroren oder frisch
1 TL Birnendicksaft
1 Knoblauchzehe
1 Zwiebel
150 ml dunkler Balsamico
100 ml Olivenöl, kalt gepresst
1 TL getrocknete italienische Kräuter
Salz und Pfeffer

Die Himbeeren zusammen mit dem Birnendicksaft in einem kleinen Topf aufkochen. Beiseitestellen. Den Knoblauch und die Zwiebel fein hacken und mit den restlichen Zutaten in einem Schraubglas verrühren. Die Himbeeren dazugeben, das Glas mit dem Deckel verschließen und alles gut durchschütteln. Im Kühlschrank hält sich die Vinaigrette eine Woche.

VEGANES FRENCH DRESSING

1 Knoblauchzehe
200 g Seidentofu
100 ml Weißweinessig
1 TL Birnendicksaft
1 EL Senf
½ Zitrone, Saft
3 TL vegane Mayonnaise
Salz und Pfeffer

Alle Zutaten im Mixer oder mit dem Pürierstab mixen. Mit einem bunten Salat genießen.

HANFSAMEN-DRESSING

2 TL Kapern
3 EL Hanfsamen
2 EL Senf
5 EL Sojajoghurt
1 Zitrone, Saft
1 EL vegane Mayonnaise
1 EL Olivenöl
Salz und Pfeffer

Die Kapern fein hacken und mit allen weiteren Zutaten in einer Schüssel verrühren.

Besonders gut passt die Sauce zu Grünkohlsalat. Dafür die Sauce unbedingt gut mit den Händen in den rohen Kohl einmassieren.

Quellen

Jonathan Safran Foer: Wir sind das Klima, Kiepenheuer & Witsch 2019

Jonathan Safran Foer: Tiere essen, Kiepenheuer & Witsch 2010

Niko Rittenau: Vegan-Klischee ade! Wissenschaftliche Antworten auf kritische Fragen zu veganer Ernährung, Becker Joest Volk Verlag 2020

Sophia Fahrland: Klimaschutz fängt auf dem Teller an. Das CO2-Sparbuch für eine klimafreundliche Ernährung, Komplett-Media 2020

Sophia Hoffmann: Zero Waste Küche, ZS Verlag 2019

Weltagrarbericht, Studie: Pflanzliche Produkte belasten die Umwelt am geringsten, 2018

The Guardian: Avoiding meat and dairy is single biggest way to reduce your impact on earth, 2018

https://wwf.ch
https://utopia.de
https://swissveg.ch
https://vegan.ch

Danke

Der größte Dank gilt all den treuen Leserinnen und Lesern meines Blogs aniahimsa.com und meiner Community auf Instagram @aniahimsa. Ohne euch wäre ich nicht da, wo ich jetzt stehe. Ihr habt es mir ermöglicht, dass aus meinem größten Hobby ein Beruf werden konnte. Es ist schön, dass ihr mich Jahr für Jahr auf meiner Reise begleitet und wir zusammen jeden Tag voneinander lernen, um so ein möglichst nachhaltiges, bewusstes und gesundes Leben führen zu können.

Ein riesiges Dankeschön gilt meinem Freund Chris, der sich fleißig durch alle – wirklich alle – Rezepte geschlemmt und sie ehrlich bewertet hat. Du warst aber nicht nur kulinarisch eine große Hilfe, sondern hast mich auch während des ganzen Prozesses seelisch und moralisch unterstützt. Ohne dich wäre so vieles im Alltag liegen geblieben. Danke, dass du meine Post geöffnet und sortiert hast. Danke, dass du dir geduldig auch noch abends im Bett meine Rezeptideen angehört hast. Und danke, dass du mich immer wieder darin bestärkt hast, dieses Projekt anzupacken und weiter zu verfolgen, wenn ich meine Zweifel hatte.

Ich danke auch Katja Koppensteiner. Du bist extra aus Österreich mit dem Zug zu mir gefahren, um mich auf den Wochenmarkt und in meine Küche zu begleiten. Du bist nicht nur eine unglaublich talentierte Fotografin, sondern auch eine tolle Freundin und geduldige Testesserin.

Danke an meine beste Freundin Roxy. Wir sind nicht nur privat, sondern auch beruflich ein tolles Team. Zu wissen, dass du jederzeit für mich da bist und an mich glaubst, gibt mir die Stärke und Kraft, immer wieder mein Bestes zu geben.

Merci, Mami und Papa: Danke, dass ihr mich ernst genommen habt, als ich damals mit nur drei Jahren entschied, nie mehr Fleisch zu essen. Danke dafür, dass ihr mich gelehrt habt, kritisch zu sein, meine eigene Meinung zu vertreten und stets für meine Werte einzustehen. Auch meiner Oma möchte ich danken; sie musste sehr lange auf meine Besuche verzichten, damit ich mich voll und ganz diesem Buch widmen konnte. Du bist das beste Beispiel dafür, dass eine Ernährungsumstellung auch mit über siebzig Jahren noch möglich ist. Ich bin jedes Mal von Neuem stolz auf dich, wenn ich deinen Kühlschrank öffne und sehe, wie viele pflanzliche Lebensmittel du ganz selbstverständlich in deine Ernährung integrierst.

Danke all meinen Freundinnen und Freunden dafür, dass ihr immer noch da seid, obwohl ich euch in den letzten Monaten so sehr vernachlässigt habe. Speziell erwähnen möchte ich an dieser Stelle meinen kleinen großen Bruder Mirco, der selbst viel um die Ohren hatte, aber doch immer wieder zum Hörer griff, um sich nach mir und meinem Buch zu erkundigen.

Rezept-verzeichnis

Stichwort-verzeichnis

© 2021
AT Verlag, Aarau und München
Fotos: Katja Koppensteiner, Wien; Anina Gepp, Luzern
Illustrationen: iStock.com / Smartboy
Lektorat: AT Verlag
Grafische Gestaltung und Satz: Carla Schmid, AT Verlag
Druck und Bindearbeiten: Printer Trento, Trento
Printed in Italy

ISBN 978-3-03902-112-3

www.at-verlag.ch

Der AT Verlag wird vom Bundesamt für Kultur
für die Jahre 2021–2024 unterstützt.

FSC
www.fsc.org
MIX
Papier aus ver-
antwortungsvollen
Quellen
FSC® C015829